Chinese Characters
For China
汉字里的中国

咬文嚼字文库

刘志基　萧晟洁　著

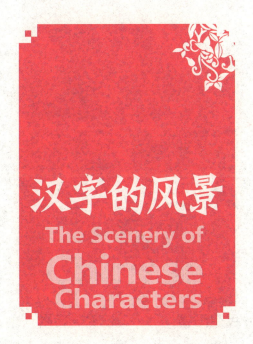

汉字的风景

The Scenery of Chinese Characters

上海咬文嚼字文化传播有限公司

上海文化出版社

目 录

修订版前言

初版九年以后，有机会修订，对于这部小书，算是幸事。

此番改动，大致涉及如下方面：一是替换，即撤下若干字条，并填入新写字条；二是改写，即对原来有些字条论说不到或不当之处加以修补；三是分篇，即以"思辨快闪""民生画卷""赏美高原""礼法视界""人伦天地""生物苑囿""建筑丛林"七篇为本书营造的"汉字风景"重新分区；四是补图，即补充或补正字形图像。就修改的幅度而言，以上四者中第四项是最大的，故有必要做一点说明。

汉字在人类文字之林中之所以能造就独特的风景，主要还是因其具有无与伦比的历史长度，而景点生长的根基就是一个个字符在各个不同历史时段的真实形态。然而，由于历代仿古传抄的传统，有意无意之间，历朝历代都会产生一些不能保真的历史文字形态。这种伪迹，作为一种假古董，自然难免营造一些假风景。毫无疑问，对于本书之类的读物而言，这种情况如果发生，可能会误导读者。故此次修订补图的意义，首先就是去除了初版在此方面的若干瑕疵。

当今时代，人工智能已有相当的发展。图像识别，正是人工智能的一个热点。对于汉字风景而言，汉字历代构形的图像识别，无疑推开了一扇崭新的观察赏析之窗。不久前，古文字图像识别的一项最新成果"文镜万象"发布了，中国新闻网2019年5月31日以《智能文字识别系统

上海发布 "天书"不再艰涩难懂》为题进行了报道，摘要如下：

"文镜万象"是教育部人文社会科学重点研究基地华东师范大学中国文字研究与应用中心基于20余年中国文字数字化建设成果，跨学科研究打造的智能文字识别系统，由刘志基、臧克和两位教授领衔的专家团队攻关而成，识别的对象包括以出土文献文字为主的从殷商到现代的各时段汉字、表意系统的少数民族文字以及域外各类古文字。

"商周金文智能镜"是"文镜万象"系列的首个成果，开启人类表意文字的学习、释读、研究智能化的全新方式。华东师范大学方面介绍，"商周金文智能镜"是对商周金文资料进行深度建设加工的数字化平台，运用人工智能领域多种前沿技术，首次实现商周金文多维度智能自动识别释读。

相对于其他已有文字识别工具，"商周金文智能镜"能进行文字及其各种属性的系统识别、成篇文字材料的整体性识别、文字载体的特征性影像识别。

报道中提到的"文字及其各种属性的系统识别"，其实就是字形图像识别的结果，不仅仅是认出该字形为某个字，同时还可以获得该字形的出处、载体、造字意图、文字释义、文例语境、各家考释、文献类型、时空属性等系统信息。而这种创新识别之所以能够完成，根本原因在于，"文镜万象"系统既完成了已公布真实古文字资料的系统汇集，又赋予每个可能被识别的真实古文字字形以唯一的身份识别码。

换句话说，只要是真实的古文字字形的图像，都能通过"文镜万象"的图像识别，浏览这个字形的源流演变的全景。作为这个识别系统的研发者，笔者自然很希望将"文镜万象"的创意成绩分享给本书的读者。

根据这本小书的撰写目标定位，限于传统文字表述方式的篇幅要求，本书正文的"汉字风景"描写，不可能是全景式展示，而只能依从"以斑示豹""观叶知秋"的原则，说其一点，不及其余。因此，在本书的阅读中，如果能通过"文镜万象"的文字图像识别获得相关汉字风景的全景浏览，无疑将营造一种很好的互补式阅读方式。笔者相信，在数字化进程日益推进的今天和未来，这也应该是汉字读物的编写和阅读方式的一种发展趋向。

有鉴于此，我们在相关字条下给出先秦各时段的真实字形典型图像。每个图像，即是一个"文镜万象"文字图像识别的二维码，进入"文镜万象"手机程序，通过照相扫码，读者即可沿着作者的字形图像精心布局铺就的路径，逐字饱览风景，并领略汉字发展源流的绚丽全景。

刘志基

2020年1月30日写于铁砚斋

前言

本书最初是想写给外国人看的。

汉字对于外国朋友，不啻为中国的一张名片，这基于如下两个无可置疑的事实。首先，汉字是唯一一种传承到今天的人类最古老的文字。在人类历史上，古老的文字并非仅只汉字。西亚两河流域的苏美尔文字、古埃及的"圣书字"，以及东方华夏先民所创造的汉字，乃是人类历史上最为古老的三种文字系统。中美洲的玛雅文字，虽然绝对时间偏晚，也属人类早期文字。然而，随着历史的演进，其他古老文字类型都已寿终正寝，消失在历史尘烟中。只有汉字，仍然青春永葆，至今还是使用人数最多的文字。

其次，在目前通行于一般语言交际场合的诸多文字种类中，汉字是唯一一种具有表意特点的文字。人类历史上，曾经存在过许多具有表意特性的文字。然而，时至今日，除了汉字外，它们有的早已消亡了，有的尽管还存在，但只是偶尔在某些非常特殊的场合使用一下，而在一般的书面语言交流中，已经失去了作为"文字"应有的地位。

正因为汉字在世界各民族文字之林中具有此种特殊地位，它才成为外国朋友关注中国的视野中一个重要聚焦点。但是，要让老外真正能够深入认识汉字，却并非易事，这比教会他们说几句中国话难多了。不如换一种小中见大的方式：引领外国朋友走进汉字的大厦，随意推开一间间小屋，陶醉于其中的万种风情，这或许是一种更加亲切的精神享受与文化交流。这本小册子，正力图为这种零距离接触营造环境。当然，具体做得如何，还待外国朋友评判。

本书现在又在国内出版，那是因为它的有用性，并不限于对外。

由于种种原因，当今中国人的语文生活，偏重开放。开放虽然是大大的好事，可以包容新元素、进口货，但在另一面，却又容易使人忽略或忘却母语文字自身历史的积淀。而这种忽略和忘却，对于当今中国人的汉字应用，已造成了深刻的负面影响。

汉字作为一种具有三千多年历史的文字，它肯定有着目前其他通行文字所不具备的丰富历史积淀，由此而形成其与民族传统文化的方方面面的深刻关联，因而获得更加丰厚的内涵。这种内涵的存在，要求我们在汉字的认知学习过程中，不能仅仅满足于表层意义的识记，还需了解这种意义的生成环境及文化背景。只有这样，我们对汉字的认识才可能是完整的、准确的，汉字的运用才可能是规范的。

汉字的历史文化蕴涵丰富，使用汉字，就需要承受一种来自历史、传统的分量。视为包袱，固然需要去背负；视为遗产，也需要花力气去继承。不管是快乐着，还是痛苦着，这个付出是必需的。如果不愿意花这力气，或者出力不够，则难免在汉字的应用过程中暴露种种问题。

本书由历史文化内涵的还原来解释文字意义，当可令人更加深刻地领悟关于汉字的ABC。此外，或许还能给予一些学习方法的启迪，甚至兴趣的激发。

萧君晟洁，喜爱汉字文化，被我拉来作为合作者，为这本小书的写成，她的付出在某些方面要超过我。特此说明。

刘志基
2011年6月写于铁砚斋

思辨快闪

八

　　"八"在当今无疑是一个最被人青睐的数字，原因在于"八"和"发"发音类似，于是企盼发财的人们便对"八"另眼相看了。然而事实或许会让"八"的崇拜者丧气不已，因为真正与"八"结下不解之缘的是一个似乎并不那么吉利的字——"分"。

　　古文字"八"写作)(，是两条相背的弧线，表示"分别""分开"的意思。比如"分"字，就是以"八""刀"会意，"刀"是分物的工具，"八"则表示其"分"物的功能。

　　在中国人的传统文化观念中，任何一个整体事物都可以分析成对立统一的两个方面，比如阴阳太极图和用阴阳二爻组成的八卦，而这些被两分的事物又从属于一个整体性的内涵，因此表示"分"的"八"自然也

八仙过海图

能表示整体性的概念。比如"八面玲珑",形容一个人可以处理好各个方面的关系。还有"八面威风",表示一个人威风至极。"八方"指的是各个方向。"八口"是一个家庭的代名词。"八音"指所有传统乐器等等。

　　"八"在传统文化观念中,常常被用来表示"所有"。这种文化观念的另一种体现,就是对任何一个完整的系统,中国人往往要凑齐"八"这个数。于是神仙,非要"八仙"不可;散文大家,也要凑成"唐宋八大家"了。

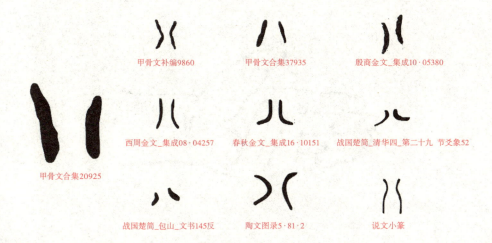

甲骨文补编9860　　　　甲骨文合集37935　　　　殷商金文_集成10·05380

甲骨文合集20925　　　西周金文_集成08·04257　　春秋金文_集成16·10151　　战国楚简_清华四_第二十九 节爻象52

战国楚简_包山_文书145反　　陶文图录5·81·2　　　　说文小篆

寸

　　"寸"，"尺"以下的一种长度单位，10寸等于1尺，约等于33.3毫米。"寸"的字形是如何表示这种长度单位的呢？

　　"寸"的小篆由"又"和一个短横组成。"又"是人手（连同小臂）的侧视形象，"又"上的一短横则指示了手腕附近的一个特定部位。这个部位之所以被描摹出来表示"寸"，与传统中医诊疗方法有关。

　　中医看病要"切脉"，切脉就是医生将手指搭在病人手腕下部的脉

"寸口"的位置处于手腕下一寸

搏上，从感觉脉搏跳动的不同来判断病情。而这个切脉的部位，中医上叫"寸口"。显然，"寸口"的位置大体上正处于手腕下一寸，用它来表示一个相关的长度单位，非常形象，很容易被中国人理解。

陶文图录_3·613·3

说文小篆

方

　　"方"，一种与"圆"相对的形状，具有"准则""道理""礼法规矩"之类意义。所谓"方直""方正"等，都是称许道德品行的常用词语。由此不难发现，在中国的传统文化观念中，"方"是很得认同的。

　　中国人的空间概念，大致可以用一个"方"字来概括。从"天圆地方"这个词中，可以看出中国人眼中的大地是方的。"方"不仅可以指大地整体，还可以名其局部，今日与中央相对应的"地方"，原本就可以直接称为"方"，所谓"方言""方俗"，就是地方的语言和习俗。

　　就方向概念来说，中国人称"四方"或"五方"。"四方"指东南西北，"五

甲骨文合集30002　　　　　　甲骨文合集12855　　　　　　殷商金文_集成14·08778

殷商金文_集成05·02694　　　西周金文_集成08·04326　　　西周金文_集成05·02841

铜兽面纹方尊

方"则在"四方"基础上再确定一个中点——中。无论是"四方"还是"五方"，都把世界描述成了一个方形。

值得注意的是，与方形的空间——东南西北（中）相对应，中国传统的四时——春夏秋冬、五音——宫商角徵羽、五色——青赤白黑黄、五味——酸苦辛咸甘等概念，也都呈现方形结构。

春秋金文_复旦网2014·6·22

战国楚简_郭店_缁衣43

战国楚简_上博六慎子曰恭俭4

战国_古玺汇编365·3961

说文小篆_或体

说文小篆

好

"好"字基本意义是"美",与"恶""坏"相对。它用途很广,我们日常交际离不开它。不过"好"字的构形却让人有点不知道如何是好,一个"女"加一个"子"为什么就会意为"好"呢?

《说文解字》:"好,美也。从女、子。"但是,从字源上来看,如此会意似乎难以成立。在殷商甲金文字中,"好"都只用于"妇好"之"好"。"妇好"是殷王"诸妇(配偶)"之一,"妇"后一字是她的族名。古文字中常见族名加"女"旁,"好"其实就是"子"的加旁字,就文字学的结构分析,它并非会意,而是形声。

西周金文中,"好"有了后来通行的,也就是《说文解字》所解释的意义。我们有理由相信,"好"字的这次华丽转身,呈现了一种文字构形智慧:在不改变字形构成的情况下,完成造字意图的重新解释,即"理据重构"。"妇好"在殷商人的心目中,无疑是伟大的英雄,"好"的这种初始意义底蕴,不会对西周文字的使用毫无影响。"女""子"的构形,为"好"的会意式造字意图,提供了巨大的生成空间。

殷墟出土的妇好鼎

　　对于《说文解字》的"从女、子"会意说，后人做了各种解释，或把"子"解释成男子，或把"子"解释成年轻的意思，还有人把"子"解释成孩子，毕竟在单纯以血缘维系人群关系的原始时代，发展人口的任务只能靠族群内部生育来完成。

　　综上所述，"好"的"理据重构"，配得上我们点个赞，说个"好"。

甲骨文花东296　　　甲骨文合集13929　　　甲骨文合集6153　　　殷商金文_集成03·01336

殷商金文_集成16·10394　　西周金文_集成10·05341　　西周金文_集成01·00088　　春秋金文_近出0095

春秋金文_集成01·00142　　战国楚简_郭店_老子甲32　　战国楚简_郭店_五行50　　说文小篆

九

　　"九"除了表示一个特定的数外还可以表示"多"。比如"九牛一毛"喻指极多数量中微不足道的一点，"九死一生"形容历经极多危及生命的险境而幸存。

　　"九"为什么可以表示"多"？在十进制中，"九"是个位数中最大的数。"九"还是"三"的倍数。

　　"三"在古汉语中同样可以用来表示"多"，这是原始思维中数字概念的保留。在许多原始民族中，人们没有三以上数字的概念，所以"三"成为一个最大数，并可表示一般的众多。"九"是"三"的倍数，自然可以放大"三"的特性。因此古人在表示数量多的时候，就用"三"来表示；当要形容数量极多的时候，就用"九"来表示。正如前人的说解："凡

九龙壁

一二之所不能尽者，则约之三以见其多；三之所不能尽者，则约之九以见
其极多：此言语之虚数也。"

  "九"还能表示"老"，这与"九"字的"多"义也有关联，因为"老"
正意味着经历的时日之多。

甲骨文合集10003   甲骨文合集11648   甲骨文合集37946   殷商金文_集成06·03035

西周金文_集成08·04201 西周金文_集成05·02802 春秋金文_集成01·00271 战国金文_集成01·00122

战国楚简_清华五_命训5 战国楚简_包山_卜筮祭祷记录204 战国楚简_包山_文书61   说文小篆

"天"，似乎总与人的脑袋发生瓜葛。古文字"天"写作 ，正是突出人的头部的形象。《说文解字》把"天"解释为"颠也"。直到今天，"天灵盖"一词仍指人的脑壳。

《山海经》里记载了一个神话传说人物"刑天"，他与天帝争为天神，天帝就砍了他的头。于是他就以乳为目，以脐为口。他的名字"刑天"就是砍掉脑袋的意思。

那么，是不是"天"字原来就只表示人的头呢？也不是这样。因为在甲骨文里，绝大部分的"天"字不表示头，而是用来表示天空。这种

甲骨文合集36535

甲骨文合集22094

甲骨文屯南643

甲骨文合集20975

殷商金文_集成13·07323

西周金文_集成05·02807

春秋金文_集成01·00267

战国金文_铭文选八八一

刑天

字义的一身二任根源于古人的天人合一观念。

《淮南子》里说："天地宇宙一人之身也。"也就是说，人身体的各个部分构成天地宇宙，两者之间有互相对应的关系。传说开天辟地的盘古，垂死时化身为天地万物：气成风云，声为雷霆，左眼为日，右眼为月，四肢五体为四极五岳……

战国楚简_郭店_语丛一71

战国楚简_郭店_五行48

说文小篆

力

"力量"的"力"古文字写作 ，是一种原始农具——耒的形象描摹。古人为什么会用耒的形象来表示"力"呢？

我国是一个农耕大国。农业生产需要极大的体能承受力，用耒的形象来表示力量，本来应该是非常自然的事情。但从古书记载中我们可以获知，在造字阶段，我们的祖先并不仅仅从事农耕。《诗经》中"采采卷耳""采采苤苢"之类的记载表明，至少在周代，采集仍是寻常可见的经济活动。另外，在农耕经济发展的初级阶段，农耕并不能完全取代采集、狩猎。"田"字本象农田之形，而它在古书中又多表"田猎"，这正显示了原始农耕与狩猎难以割断的联系：放火烧荒的农耕活动，同时又是围猎遭焚禽兽的狩猎活动。这也就意味着，田猎工具与采集工具同样是造字时代人们熟悉的劳动工具，那么它们为什么不能取代耒而成为"力"的构形取象物呢？

人类学研究表明，农业经济之所以比采集和狩猎经济先进，是因为"它

甲骨文合集19801

甲骨文合集22324

甲骨文合集22246

殷商金文_集成04·01760

农具耒

一般在单位土地面积上的产量更高",也就"意味着在一定的领土上能维持更多的人口"。而农业生产者实际上要比采集者和狩猎者"付出更多的劳动"。"力"字的构形,正表明在古代造字者的心目中,唯有农耕之具才是最能展示人的力量的劳动工具。

殷商金文_集成12·07233

战国金文_铭文选八八

战国楚简_清华一_程寤9

战国楚简_上博七凡物流形(甲本)30

战国楚简_郭店_缁衣19

说文小篆

审

　　"审查"之"审"，本写作"宷"，以"宀"和"釆"构成。"宀"和"釆"如何表达详察、审察之意？这不但需要从文字上进行解说，而且需要从文化上加以说明。

　　"釆"，本有分辨的意义，它的甲骨文写作 <image_inline>，由"又（手）"和"少（即古"沙"字）"会意，表示手在沙中摸索分辨的意思。金文写作 <image_inline>，小篆写作 <image_inline>，《说文解字》解释为"辨别也"。

　　"宀"虽然是房屋的形象，但它作表义偏旁时可表示完全覆盖、无所不包。在"审（宷）"中，它正具有这种意义。

万里长城

在古代中国神话传说里，人的生存空间被想象成一所大房子。在现实生活中，古代中国人又总喜欢用土围子、木栅栏乃至万里长城这样的人工建筑把自己的生活天地加以限定。这也就是原本仅表"屋檐"的"宇"后来可以表示无限自然空间的原因所在。"宀"表示完全覆盖、无所不包，也出于同样原因。它与"釆"会意，表示完全分辨清楚的意思。

西周金文_集成05·02832

春秋金文_近出1022

哲

　　"哲"是一个形声字,其中"折"是声符,"口"是义符。"哲"字所表示的意义,都与人的知识、智慧有关,可以泛指"智慧",如智识卓越的人被称为"哲人"。也可特指关于宇宙、世界、人生的知识、智慧,如"哲理""哲学"等。"口"是说话的器官,人的智慧并不来自它。古代造字者选择"口"作为"哲"字唯一的表义符号,其中有什么原因吗?

　　在战国以前,汉字的应用范围极其狭窄,局限于权贵阶层的占卜、祭祀和记史等所谓"大事"。知识传授的方式,局限于口耳相传。例如孔子,生前没有用文字将自己的学说表述出来。《论语》是由他的弟子记录他生前的言语而著成的。哲人的知识、智慧既然主要通过他们的口头言语表达流布,"哲"字从"口"得义也就毫不奇怪了。

西周金文_集成16·10175

西周金文_集成05·02836

春秋金文_集成01·00261

28

孔子讲学图

说文小篆_或体

说文小篆

民生画卷

年

　　"年"是一个时间单位，三百六十五天，春、夏、秋、冬一个轮回就是一年。但"年"最开始却并不是一个时间单位。

　　甲骨文"年"写作 ，上"禾"下"人"，表示人负禾谷。可见"年"字最初描摹的是人收获粮食的形象，而"年"字本义则是"庄稼成熟"。

　　在上古时代，农业技术尚不发达，农作物春天播种、夏天成长、秋天收割、冬天贮藏起来，刚好周期是一年。古人注意到了其中的联系，"年"也就很自然地引申出时间单位的意义来。

　　"年"字还有一个重要意义："年节"。这个意义的产生，自然是因

贺新年剪纸

甲骨文合集28228

甲骨文合集10069

为中国人有过年的传统。过年习俗的来源也与农业生产有关。上古时代，人们在年末要举行一种庆祝丰收、报谢众神的大祭典——蜡祭（后被称为"腊祭"）。在蜡祭（腊祭）之时，终年辛劳的农夫可以停工休息，统治者不再召集农夫服劳役。因此，与这种大型祭典相伴的乃是举国上下的欢庆娱乐。这种习俗延续到以后，就形成了过年的风俗。这种一年一度的欢庆活动也促进了"年"作为一个时间单位名称的形成。

甲骨文合集10110   殷商金文_集成05·02653   西周金文_集成07·03815

西周金文_集成06·03723   西周金文_集成07·03778   春秋金文_近出0063

战国楚简_清华一_金滕4   战国楚简_郭店_唐虞之道18   战国楚简_郭店_穷达以时5

射

  "射"字本指射箭。甲骨文"射"字写作 ⟨image⟩，描摹箭在弓上的形象；金文"射"写作 ⟨image⟩，描绘手持弓箭而射的形象。然而，后来"射"字却演变为"寸""身"组合的构形。有人曾经质疑："寸""身"组合的"射"怎能表示射箭呢？用来表示"矮"更合适吧。

  其实，"射"字以"身""寸"构形是有其历史原因的。射是上古时代贵族教育内容"六艺"中的一项，练习射箭被认为可以培养人的"德行""仁义"。此外，射箭还是古代选拔人才的一种手段。据古书记载，天子选诸侯、卿、大夫、士都可用射箭的方式。

  由此看来，"射"字的结构就很容易理解了："寸"作为表义偏旁可表示"法度""法则"，而"寸"和"身"恰恰可以会合出"立身法则"的意义来，正与"射"的古代文化观念相符。

甲骨文合集32801

甲骨文合集24156正

甲骨文合集28305

中国射箭协会图标

甲骨文花东2

甲骨文花东7

殷商金文_集成14·08904

姜西周金文_新收1314

西周金文_集成03·00848

春秋金文_文物2011年03期

战国楚简_郭店_穷达以时8

说文小篆

"口"，就是嘴，是人用来说话和吃饭的那个器官。然而在汉语表达中，"口"却颇有些以偏概全的本事，经常表示拥有口这个器官的人，如"三口之家"指夫妻二人加一个小孩的三个人的家庭。"口"之所以能够以偏概全，在于它具有"吃东西"这个功能。

古人说，"民以食为天"，就是说老百姓以粮食为根本，他们最关注的问题就是能否吃饱饭。如今，人们仍习惯于将谋生称为"糊口"，将职业称为"饭碗"，这也从另一个侧面体现了古人对饮食问题的特殊关注。

先民如此看重饮食，是因为在古代社会中人们（不包括上层统治者）的温饱得之不易。温饱之不易得，最直接的原因就是灾荒频繁。而灾荒造成的粮食短缺，又会激起农民暴动或者外族入侵。正因为粮食短缺危及统治者的根本利益，所以他们虽然一般不会亲尝饿饭之苦，却也将饮

甲骨文合集22191

甲骨文合集30010

殷商金文_集成11·08801

食视为根本，从而使"民以食为天"这一观念深入社会各个阶层的人们的观念里。

　　显然，正是由于这样一种深刻的历史文化因由，才造成了人们特别看重"口"这个吃饭家伙，以"口"称人，便也理所当然了。

西周金文_集成14·08801

战国楚简_上博七武王践阼7

战国楚简_郭店_五行45

战国_古玺汇编20·0118

说文小篆

币

　　人民币的"币"，上面一撇，下面一个"巾"，这个构形跟钱币有什么关系呢？"币"的繁体字"幣"更容易说明这个问题：上边的"敝"为表音的声符，下面依然是个"巾"，为表示字义的形符。"巾"是织物，毛巾、头巾、手巾之类，怎么会被用来当作表钱币的字的表义符号呢？其实，这与古代中国人经济生活中一种质朴的民风有关。

　　在中国上古时代，社会经济还不发达，纺织品作为一种便于携带和存放的人工制品，被认为是一种很有价值的物品，常被人们用来作为礼品相互赠送。有个成语叫"卑辞厚币"，意思是言辞谦恭、礼物丰厚，这正反映了纺织品的重要礼品价值。总是被当作礼品的东西自然很容易在商品交易中被用作一般等价物，即被人们当作钱来使用。这就是为什么"币"字表示货币，却又以"巾"为表义符号的原因所在。随着社会的发展，金属货币渐渐普及成为通用货币，纺织品则渐渐退出了一般等价物的行列，但是"币"作为一般等价物的称呼却一直保留下来。

原始的币——捆束起来的帛

说文小篆

符

　　"符"字的常见意义有两种：一是表示某种事物的标记，如记录音乐的标记叫"音符"，文字的偏旁叫"字符"，而种种具体的标记又可通称为"符号"；二是表示相互吻合，如两个数字一样可说成"两数相符"，"符"与"合"常组合成一个双音词。这两种意义看似并不相干，其实却有着内在联系。

　　"符"字最初指的是中国古代的一种凭证——符节。符节是古代帝王封赏爵位、任命官员、派遣使者、调动军队时，使用的一种代表身份地位或权力的凭证。这种凭证一般是从中间剖开，有关双方各持一半，

战国鄂君启节

使用时两半相吻合即为可信。这可以从"符"字的构形得到证明。"符"字是形声字，"付"是表音的偏旁，"竹"是表义的偏旁。为什么用"竹"来表义呢？显然，为了便于剖分，符节通常是用竹子制作的。即便符节制度有了发展，产生了金属制作的符节，依然要把它做成竹子的形状，如著名的战国鄂君启节。

　　符节既然是一种特定的标志，"符"字的意义往抽象方面引申，就成为一般的标志。又因为符节一般要通过剖分开的两半相吻合来实现它的功用，"符"字就很自然地发展出"合"的意义来。

说文小篆

行

走路的这个动作叫"行",读作 xíng。然而这不是"行"字的本义。甲骨文"行"写作 ，为十字形道路的形象,其本义即指道路,读作 háng。

道路上容易形成行列,站上人可成队列,栽上树可成树列。于是,"行"便有"行列"的意义。某些商家店铺为形成集约效应,往往开设在同一条街上。因此,"行"又可以成为某种营业机构的名称,所谓"商行""银行",原本是商业街、银号街的意思。

道路除了容易形成行列,其最基本的功能就是供人行走,为了与本义相区别,表"行走"意义的"行"被赋予了 xíng 的读音。

行走往往意味从事某种活动,因此"行"也就有了"做事""行动"的意义,如"行医"指从事医生的业务。从事某事的行为人,一般总是具有行为能力的,所以"行"又有了"能干"的意义,所谓"真行",就

甲骨文合集23055

甲骨文屯南300

甲骨文合集21457

是确实能干。开始行动往往是在做出某种决定以后,于是"行"又有了"可以"的意义,如"行不行",即可以不可以。行走又意味着将要达到目的地,故"即将"又成为"行"的一个义项,如"行将就木"。"行走"是一个流动过程,"行"因此可表示"流动"之类的意义,如"行商"即指没有固定营业地点的商人。

　　"行"又可以表示"行为品质",如"品行""德行"等等。这个意义的产生,与古代的行为礼法有直接联系。古人关于行走的规矩十分繁琐苛刻,如能切实遵守这些规矩,其"行为品质"便得到了最直观的体现。

甲骨文村中南319

西周金文_集成08·04322

西周金文_集成16·10173

战国金文_集成17·11175

战国楚简_包山_文书85

说文小篆

邑

"城市"也叫"城邑","邑"即"城市",只是这个字比较书面化,口语中难得一见。

"邑"在古代汉语中不但可指国家、城市、行政区划、地名等,还可表示封地、首都、人聚居的地方等。不难发现,在"邑"字的各个义项中,"人聚居的地方"是一个最具概括性的意义,而这个意义也与"邑"字的构形设计最为贴近。

"邑"的古文字写作 ,按照《说文解字》的解释,上边的"口"是"范围"的"围"的古字,表示人们聚居的范围。"口"下面描摹的是一个跪地之人的形象,这个形象正是古人居处家中的基本形态。在唐宋以前,古人居室中并无桌椅板凳,人们习惯于双膝跪地、臀着脚后跟在家中歇息。所以,这个字形很形象地表示了人的聚居地。

甲骨文合集21583

甲骨文合集17706

殷商金文_集成13·07589

战国安邑桥裆布

西周金文_集成07·03948

西周金文_集成16·10176

战国楚简_上博三周易4

战国楚简_清华一_尹至5

战国-古玺汇编_18·0104

说文小篆

邮

　　"邮"字本指古代传递文书，供应食宿、车马的驿站。应该说，古代的这种驿站同今天的邮局在基本职能上有相通之处：传递文件书信是它们共同的基本任务。当然，古代由于交通工具等物质条件的限制，"邮"这个机构必须为传送书信的人提供所需的车马食宿。然而，古代的邮驿和当今的邮局最大的不同之处还不在此。

　　古代的邮驿是服务于朝廷的一级官府机构，它的根本使命是传递朝廷官府的政令。"邮"的这种性质，与它的表义偏旁"邑"相联系。右边阝这个部首，被称作"右耳旁"，是"邑"字的变形。"邑"字构形表示"人民聚居的地域"，而这种地域正是国家统治的对象。因此，"邑"作为文字的表义偏旁可以表示国家或国家的行政区域，如"邦"即国家，"郑""郭""那"为古代国名，"郡""鄙"为国家的不同级别行政区划。所以，"邮"的表义偏旁"邑"标明了其官府统治机构性质。"邮"的繁体为"郵"，把它的这种性质表现得更加具体："郵"以"邑""垂"会意，"垂"在这里表"边境"。这表明，古代的"邮"往往设立在尤其需要加强统治力度的边远地区。

说文小篆

州

　　作为一种行政区划，"州"现在是少数民族自治区划单位，介于自治区和自治县之间。然而追溯历史，却很容易发现它以往的指称要丰富、宽泛得多，至今还有苏州、杭州、柳州等地名。

　　相传"州"这一行政区划为大禹所创。大禹治水后，把中国划分为九州：冀州、豫州、雍州、荆州、扬州、兖州、徐州、幽州、营州。"九州"便成为"中国"的代名词，而"州"这种区划称名被历代沿用。

　　"州"字甲骨文写作 〰，为水中有陆地的形象描摹。"州"字的本义

甲骨文合集849

甲骨文合集659

甲骨文合集17577

殷商金文_集成17·10727

西周金文_集成08·04241

春秋金文_集成17·11074

正与这一构形相吻合，表示"水中陆地"。由此人们很容易生出这样的疑惑：用"州"表示"国"的直属行政区划，用"九州"表示全中国，是否意味着上古时代中国人的生存天地就是一些水中岛屿？实际上，这与上古时代人们傍水而居有极大关系。考古发现表明，石器时代的人类文化遗址毫无例外都在距离河川一二里之内的地域，这是因为取水方便是人最基本的需求。正是因为这种生存环境，人们把自己的生存空间与水中陆地联系了起来。

战国金文_集成18·11535

战国楚简_上博二容成氏25

战国楚简_包山_文书22

战国楚简_包山_文书27

说文_古文

说文小篆

简

　　"简略""简单"是当今"简"字最基本的用法。然而"简"字是一个以"竹"表义、以"间"表音的形声字。"竹"与"简略""简单"是如何联系起来的呢?

　　"简"字最初指的是古代一种书写材料——竹简。所谓"竹简",就是一些小竹片,"简"字的构形正是为"竹简"这个意义设计的。

　　在汉代蔡伦改良造纸术以前,竹简,即以绳条将一些竹木片编扎而成的册,曾是中国人的基本书写材料。与纸相比,竹简作为书写材料不但制作繁难,而且容字面积小、体积大、分量重。这就迫使人们不得不采用最简略的方式进行文字记录,以避免文件过于沉重。中国早期的史

竹简

书，一般都是用寥寥数字便记述了一件重大而又复杂的历史事件。也就是说，古人一旦要用竹简进行文字记录，就要对记录的内容进行简要缩略。久而久之，竹简与"简略""简单"的意义便发生了密切的联系，进而演化出相应的用法。

"简"字还有"选择"的意思（多用于书面语），如选拔任用人才可说成"简拔人才"。这个意义与前面说到的"简"字的意义演化也具有内在联系：要简略地以文字记事，必须对所记内容有所选择，所以"简"字也可表示"选择"。

战国金文_铭文选八八一

说文小篆

扁

　　"扁"，表示一种横宽竖窄的形状，但它的字形与这种形状有什么关系呢？还真不太容易看得出来。只有在小篆里，我们才能看清"扁"的字形结构，上面是"户"，下面是"册"。"户"就是门，"册"则是由长条的竹木编制而成的古人用来写字的材料。

　　"扁"字本义正与其以"户""册"会意的构形相吻合，表示"门户上题字"。之所以要在门户上题字，是因为中国人重视门户——这个居所的出入口，喜欢在这个出入口用文字标明自己的身份或德行。正是这种题字，与"扁"现在常用的形状意义有关。

　　要在门户上书写文字，显然只有门楣之上这个部位最为醒目。而这个位置有些特殊：下有门，门须有一定高度以便人出入；上有宇（屋檐），根据居住的适度需要，宇高出门楣的距离不会太大。这些因素使得门楣上用来书写的"册"与普通的"册"不大一样：在一般的册上写字是从上到下竖着写，而在门楣上写字只好从右至左或从左至右横着写。一般组合成册的简是竖长条，而门楣上的册只能是横宽竖窄的扁状。正因为如此，"扁"就产生了表示横宽竖窄形状的意义。

说文小篆

角

"角"，本指动物头上的犄角，古文字写作 ，正与这种意义相符。然而，"角"又是人民币的一种单位名称：元之下，分之上。货币跟犄角又有什么关系呢？

对古人来说，动物的角是一种精巧难得的器物，被做成很多用具，用于日常生活的各个方面。它可以制成一种吹奏乐器，如号角，由于吹出的声音响亮而又传得远，多被用于军队。角又可被制作成盛器，被用来打酒盛茶。生活中常用，使得它在语言表达中被赋予了更多的意义。

动物犄角的形态是一头尖锐、一端硕大，生活中这类形态的事物很多，都可以用"角"来称呼，如"桌角""直角"等。把一个圆以圆心为中心分割为若干部分，自然也是角的形状，也被称为"角"。如从一个圆圆的饼上切下一块来叫作"一角饼"。人民币的基本单位是"元"，这个"元"是货币单位"圆"的俗体字，这是因为中国传统货币本是圆形的，因此它的下位单位就被叫作"角"。

甲骨文合集112

甲骨文合集17672

甲骨文合集20533

《五牛图》中的牛角

西周金文_集成09·04459

西周金文_集成05·02810

西周金文_集成01·00246

战国楚简_包山_文书180

战国楚简_包山_文书18

说文小篆

删

　　去掉文章中某些章节、段落或词句叫"删"，所以"删"字往往与其他字组合成为"删除""删节""删略"等双音词，表示对文辞的压缩修改。

　　"册"是古代写文字的载体工具，"刂"则是"刀"的偏旁构形。删除文字，与"刀"又有什么关系呢？

　　其实，稍稍了解一下中国传统书写材料的演变历史，这个疑问便会烟消云散。写字用的纸张，是古代中国的四大发明之一，但纸要到东汉

秦刀官俑，身侧挂着用来删削竹简的小刀

以后才被普遍应用。也就是说，在有历史记载的两千年的漫长时期内，古人并不用纸写字。商周时的文字主要刻在龟甲、兽骨上，或是铸刻在青铜器的器壁上。从战国时代起，人们开始大量使用竹条木片书写文字。

竹木简牍既然是古人主要的书写材料，书写工具自然也须用毛笔蘸墨与之配套。墨汁遇上竹木，不免渗入肌理。要进行文字删改，只有削去着墨的竹木层，于是，刀便成了必需品。由此来看，"删"以"册""刀"会意，是再自然不过的了。

甲骨文合集22075

说文小篆

幅

　　形容一个国家领土面积广大可以说"幅员辽阔";某人不爱打扮修饰仪表，会被说成"不修边幅";股票指数牵动人心，其涨跌的程度被称作"幅度"。"幅"字是这些意义不同的词语的联系纽带，它们之间的联系与"幅"字的意义演化有关。

　　"幅"是一个形声字，"巾"是它唯一的表义符号。"巾"是纺织品，"幅"本指织物的宽度。中国经历了漫长的男耕女织的农业社会，纺织品是人们生活中的基本物品。因此，表织物宽度的"幅"，也就泛指一般宽度。于是，物体振动、摇摆所展开的宽度（如股指振荡）便被叫作"幅度"。而"幅员"之"幅"则指国土的宽度。织物的宽度，以两边为界，所以"幅"又指织物及衣裳的边缘，于是又有了"边幅"一词。人们装饰打扮，一般要在衣服上做文章。而装饰衣服，传统的基本手段就是装饰衣服的边缘。因此，在传统观念里，不饰衣边无疑是不讲究仪容的一种表现，"不修边幅"一语的产生也就非常自然了。

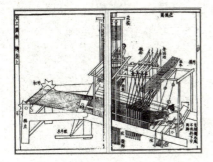

花机图

说文小篆

帖

　　庆典、聚会的邀请通知叫"请帖"，练习书法临摹的是"字帖"。显然，大凡写上一些文字的纸片都可以叫"帖"。可是"帖"字却是一个以"巾"为义符的形声字，"巾"是纺织品，与字纸又是如何联系上的呢？

　　造纸虽是中国的四大发明之一，但这一发明却只在汉代以后才给予人们便利恩泽。在此之前，人们是以竹木和织物作为书写材料的。"帖"本是题写书名或篇名的标签。显而易见，要在竹木简册上贴附题签，柔软的绢帛是最好选择。这种标签以绢帛为材料，所以"帖"字以"巾"

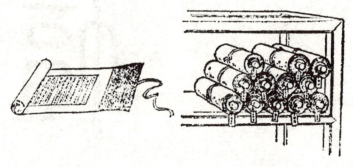

"帖"本是绢帛标签

为表义符号就很自然了。

　　纸张出现以后，绢帛仍是标签的材料，这是因为纸张不易贴平且易破损。直到如今，传统书画卷轴上的题签一般仍用绢帛。以柔软而又坚韧的绢帛为质料的书籍标签当然总是可以服服帖帖地贴附在书籍卷轴上的，所以"帖"字自然也就发展出了"顺服"之类的意义。

说文小篆

几

　　"几"一般出现在"茶几""窗明几净"等词语中。不难看出,"几"的意思与"桌"相似。小篆"几"字正是桌子的侧视形象。那么,既然有了"桌",为什么还要有"几"呢?

　　所谓"茶几",是喝茶用的小桌。虽然也是桌,但比一般的桌子要低矮些,这正是"几"字所表示的家具。

　　从时间上看,作为"几"的同义词,"桌"字出现的时间要晚很多。这是因为在上古时代,人们居家都是席地跪坐,与这种居家习俗相应,家具的高度自然也就得有一定的限制。现在看来过于低矮的"几",在那时候可是十分合适的。当跪坐的习惯改变后,家具的高度也要随之改变,人们不得不把"几"加高。"几"变高后,看上去就不太像"几"了,于是人们便给它起了新名字叫"卓",也就是"高"的意思,后来又演变成"桌"。

　　"几"字所指的并不仅限于类似于今天桌子的那类东西。"几"字

甲骨文合集553

甲骨文合集32035

甲骨文屯南2707

在古代还指人们居处跪坐时倚靠的家具。有个成语叫"凭几之诏",意思是靠着几所拟下的诏书,指皇帝临终遗诏。其中的"几"正是用来依靠的家具。

在现代汉语中,"几"还有"将近"之义,又有"多少""大于一而少于十的不定数"等意义,但这些意义并非它原本固有的,而是作为"幾"的简化字,由"幾"转嫁来的。

几

甲骨文合集31129

战国楚简_包山_文书146

说文小篆

赏美高原

令

　　尊称别人的父亲为"令尊"，尊称别人的女儿为"令爱"，尊称别人的哥哥为"令兄"，"令"字是如何成为敬词的呢？

　　"令"的本义是"命令"。甲骨文"令"写作 ，上面是屋室的形象，下面是一个跪坐之人，表示一个人坐在屋中发号施令。一个人发"命令"，自然要同言语发生关系，所以"令"又可以表"言辞"，即所谓"辞令"。

　　"令"还可以表"美善"，如"令德"表示美好的品德，"令名"表示美好的声誉。"令"的这种意义的萌发，与春秋时代的言辞文化有很大的关系。《论语》中记载了当时郑国贵族创作一段外交辞令的过程：该项工作要由四个重臣联手完成，由裨谌起草（即所谓"草创"），由世叔研究评论（即所谓"讨论"），由子羽修改（即所谓"修饰"），最后由执政大臣子产作修辞加工（即所谓"润色"）。春秋时代人们对言辞审美价值的刻意追求，有其深刻的历史背景：由于周王朝日渐衰微，诸侯纷争，原有的秩序不复存在，国家、族群之间多通过沟通交往来营造对自己有利的生

子产像

存环境，因此对言语的依赖越来越大。为了充分利用语言的功效，人们势必要在言辞的修饰上下功夫，刻意求美求善，自然使辞令被赋予"美善"的内涵。

"令尊""令爱""令兄"等称呼中的"令"，就将这种"美善"的光环套在别人的父亲、女儿、哥哥的头上，以表示尊敬。

甲骨文合集3049　　　　　　甲骨文合集14626　　　　　　甲骨文合集补编10383

殷商金文_集成03·00815　　西周金文_集成05·02837　　战国金文_集成01·00161

战国楚简_包山_文书91　　　　说文小篆

信

在中国的传统文化中，"信"是一项很重要的道德标准，所谓"言而有信"，被看作是人的良好道德品行之一。"信"的造字，也表达了这种文化心态，《说文解字》以"人言为信"作为"信"字结构的解释。

我们穷尽调查了殷商、西周出土文献中可能出现"信"字的所有语境，发现"信"字并不存在，到了战国时代，出土文献中才有了"信"。"信"最初有多种字形。有的以"言""身"构成：𧥑。有的以"言""千"构成：𧥊。有的以"人""玉""心"构成：𠊱。然而最终定型的"信"，还是以"人""言"构成。这种文字演变的轨迹是有文化原因的。

西周时代，周王具有绝对的权威，当时社会的正常秩序是靠王权来维系的。而到了春秋时期，周王室衰微，诸侯征战，天下大乱。然而，即使是在战乱年代，人类社会还是需要一定的秩序。在春秋，替代周王权威来维系社会秩序的，就是盟会。所谓盟会，实际上就是有关各方就相关事宜进行某种约定，而这种约定以誓言为约束的手段。誓言如果不被遵守，就毫无意义。春秋时，盟誓风气很盛，不但诸侯国之间互相盟誓，国君与下属、下属之间也会互相盟誓。在这种环境下，人言与"信"之间就有了一条强有力的维系纽带，"人言为信"也在春秋时代成为一种人们广泛认同的道德规范。

说文_古文

侯马盟书

说文小篆

和

　　"和"是一个形声字，以"口"表义，以"禾"表音。从造字意图来看，就是不同的人口中发出声音相互应和。懂一点音乐的人都知道，"和声"并不是完全相同的声音的合唱，而是两个或两个以上不同的音按一定的法则同时发声而构成的音响组合。"和"的这种意义内涵，让我们想起《论语》中"君子和而不同，小人同而不和"的"和"。显然，这是一个与"同"相对的概念，似乎有点玄乎，不易理解。

　　《晏子春秋》中记载了一个故事，很好地解释了这个"和"的含义。有一次齐侯出猎归来，指着前来接驾的臣子梁丘据对晏婴说："唯据与我和夫！"意思是这个梁丘据与我相处得最和。晏婴不以为然地反驳说：他与你的关系只能说是"同"而已，哪里谈得上"和"。接着，他打比方

战国金文_铭文选八八二

战国楚简_郭店_老子甲16

战国楚简_郭店_六德8

解释："和，如羹焉。"意思是说像厨师煮肉汤，把各种原料和作料融合在一起，才能烹调出醇美大羹之味。"同"则相反，拒绝所有不同类东西："以水济水（水上加水），谁能食之？"显然，早在上古时代，我们祖先已经具有了即使今天来看仍旧十分先进的和谐理念：承认多样，承认差别，承认矛盾，才能创造真正的"和"。

战国楚简_清华一_耆夜4

说文小篆

须

　　"必须"之"须",古文字写作🖊,描摹人的头面部长满胡须。但"胡须"怎么会产生"必须"之义呢？这是因为,在古人的心目中,胡须对于一个男子来说,实在是"必须"有的。

　　在中国传统戏曲中,凡重要的男角必有长须,古代绘画作品中的男子也总少不了一部美髯,这是古人尚须最直观的遗迹。"须"字又有"等待"之义,有个成语叫"磨厉以须",意思是磨刀以待,比喻做好准备,等待时机行动。其中的"须"就是"等待"之义。"须"之所以会有"等待"之义,与古人蓄须习尚相关联:一部美髯的养成,需要长期等待的耐心。胡须在古代既然是一般人仪容所必备的,那么在古代,剃去胡须便可作

古代男子留须

为一种刑罚，这种刑法叫"耐"。

古人之所以以蓄须为美，尊老心态无疑是十分重要的一点。当然，这种风尚又是以农业文明为根基的：老者的生产、生活经验，对于农业民族的生存发展来说，无疑是至关重要的。老者既然值得尊敬，其外貌特征也就不免为人所青睐，以蓄须为"必须"。

甲骨文合集588

甲骨文合集17931

西周金文_集成09·04378

西周金文_集成09·04405

西周金文_近出0505

西周金文_集成09·04413

战国楚简_上博八王居6

战国楚简_包山_文书102反

说文小篆

休

"休息"的"休"，古文字正描摹人依树下歇息的形象。在远古时代，人们要在自然界寻觅一个歇息的处所，大树之下显然是个好选择：暑天可以遮阳，雨天可以挡雨，结实的树干足以让人依靠。后来，古人学会了建造房屋，但并没有忘记树木带给人的恩惠，在住宅的旁边栽种大树，成了中国古代社会一成不变的定制。古人把"乔木"（高大的树木）、"桑梓"（桑树和梓树）作为自己家园的代名词，原由正在于此。正因为树木是人们歇息栖居时不可或缺的依靠，汉语中便有了"大树底下好乘凉""前人栽树后人乘凉"的俗话。

然而，"休"字还有另外一个意义，成语"休戚相关"，表示彼此间欢乐和忧愁相互关联，"休"在这里与"戚"相对，指的是"吉庆""欢乐"。这种意义是怎么来的？

在古文字中，"休"还有一种构形来源，即以"人""禾"构成，如甲骨文 休，金文 休、休，造字意图是人得禾。中国农耕经济发端很早，获得禾这种基本生存资料自然是最大的吉庆之事，所以"休"表示"吉庆""欢乐"之义是非常自然的。

甲骨文合集8162

甲骨文合集21722

甲骨文合集8154

殷商金文_集成13·07386

西周金文_集成05·02827

西周金文_集成05·02792

春秋金文_集成01·00274

战国金文_铭文选八八〇

战国楚简_清华一_皇门5

说文小篆

尾

　　"尾"甲骨文写作 ，描摹的是一个人长了一条毛茸茸的大尾巴。显然，这条尾巴不会是人体的一部分，而是一种装饰。远古的人们曾用尾巴来装饰自己。《说文解字》中，"尾"字下有这样的解释："古人或饰系尾，西南夷亦然。"意思是古时曾有人用尾巴作装饰，而当时的西南民族仍有这种风俗。

　　现在如果有人用动物的尾巴来装饰自己，肯定会让人大笑不已。那么，我们的祖先又是怎么会想到用动物的尾巴当作自己的装饰物呢？

　　人们给自己装上尾巴，最初是同狩猎发生联系的。一开始是出于狩猎的需要，可以把自己伪装成动物，更好地接近猎物而提高狩猎的效果。到后来，尾巴便成为狩猎者对自己勇敢善猎的自我炫耀。再往后，用尾巴装饰自己逐渐流行起来，尾巴也就成为一般的装饰物了。

甲骨文合集136

战国楚简_上博三周易30

新石器时代舞蹈纹陶盆，舞者都着尾饰

战国_古玺汇编364·3941   说文小篆

孔

　　"孔"有许多意义，可以表示"洞穴"，可以表示"通达"，可以表示"大"和"很"。诸葛亮的字叫"孔明"，"孔明"的意思就是"很亮"，正和他的名"亮"相呼应。"孔"还有"美"之义，如有种美丽的鸟叫"孔雀"。"孔"字如何能表"美"之义呢？其实，这两者的联系是建立在上古时代一种奇特的生育信仰之上的。

　　"孔"字金文作 𤱍，在"子"的头部加一曲线，以示小儿囟门下凹。然而，字形演变到小篆阶段，发生了"理据重构"现象。"孔"字小篆作 𤱍 ，左边是"子"，右边的"乙"象鸟形。这只鸟，《说文解字》释为"玄鸟"，是一种能使人生育的鸟。古书中记载，殷商时代的商族以玄鸟为图腾，商族始祖契的诞生就是因为他母亲简狄吞食玄鸟蛋的缘故。正因如此，契之后的帝王就立玄鸟为媒神，并在玄鸟到来的那天举行祭祀以祈求生子。

　　据此可知，小篆"孔"乃是一个从"子"从"乙"的会意字，会"乙至而得子"之意。上古先民极重生育，所以"子""乙"会意的"孔"就有了"嘉美"之义。

西周金文_集成16·10173

西周金文_集成09·04628

西周金文_集成05·02830

春秋金文_近出0069

战国金文_集成16·00975

战国楚简_上博八颜渊问于孔子10

战国楚简_上博孔子诗论1

战国楚简_上博四相邦之道4

说文小篆

氏

　　我们把大圣人孔子称为"孔氏"，将《史记》的作者司马迁称为"司马氏"，1999 年上海申花足球队请来了著名的教练拉扎罗尼，被人们称为"拉氏"。天气预报报告气温，总是要在度数前加上"摄氏"两字，这是因为我国采用的是摄尔西斯创立的温度计量方法。

　　无论是摄尔西斯还是孔子，都是名人专家，可见"氏"的具体作用是个敬称，对别人的学识和才能表示尊敬。然而，这种敬意从何而来呢？

　　"氏"乃"姓"的分支。也就是说，一姓之人为数过多，于是不得不分出支系。支系一旦形成，就需要有一个新的名称，由此便出现了氏名。氏名一般是根据这个血缘群体获得的封国、封邑和官位等来得名的。而人们获得封国、封邑和官位，常常是因为建立了某种功业。

　　可见用"氏"来称人，在上古时代，实际也是强调了对方（氏族）的功名和荣誉地位，自然渗透着对于被称呼者的尊敬之义，"氏"字也最终演变成独立的尊称。

西周金文_集成05·02803　　　　西周金文_集成05·02827　　　　西周金文_集成05·02829

西周金文_集成08·04254

春秋金文_集成16·10098

战国金文_集成01·00165

战国楚简_上博浙衣19

战国楚简_曾侯乙墓137

战国楚简_上博孔子诗论27

说文小篆

直

　　在汉语中，"曲"与"直"是一对相反的概念，与它们相对应的是"是"与"非"。"直"是被肯定的，与其相应的是"是"。古文字"直"写作 ，字形为在眼睛（目）上画一条直线，表示视线平直的意思。这个字形的造字意图，把目光的正直与人的品德高尚联系了起来。而这种联系，确有古代礼法制度为依据。

　　在古代行为礼法中，眼睛怎么看东西，是有非常严格的讲究的。如"将入户，视必下"，意思是进屋门后眼睛应看着地面（以免看到别人的隐私）。而目光正视，不随便乱看，是基本的讲究。古代帝王礼帽前后悬垂的玉串叫作"旒"，旒悬在王者的眼前，意思就是提醒他别看不该看的

有"旒"的帝王冠冕

甲骨文合集21535

东西，也就是所谓"非礼勿视"。成语有"目不斜视"，直接的意思是眼睛不偷看旁边，用来比喻为人行止端方。可见在传统文化观念中，目光正直总是被肯定的。

甲骨文合集21714　　　　　　甲骨文屯南2240　　　　　　甲骨文合集5828

西周金文_集成08·04199　　战国楚简_上博六天子建州（乙本）5　　战国楚简_郭店_唐虞之道7

陶文图录_6·30·1　　　　　　说文_古文　　　　　　　　说文小篆

尊

　　"尊敬"的"尊"，甲骨文字形描摹两手捧着一个酒器。"尊"字原本指的只是一种盛酒的器皿，这个本义现在用一个"樽"字来表示。不过，"尊"字本义并非指一般的酒器，而是一种盛酒的礼器，或是在祭祀时用它来盛酒敬奉祖先神灵，或是在设宴招待宾客时用它敬奉有身份的客人。显然，无论是敬奉神灵还是敬奉宾客，都是一种表示尊敬的行为，于是"尊"字便很自然地演化出"尊敬"的意义。

　　围绕"酒樽"和"尊敬"这两个意义，"尊"字又发展出其他一些用法：地位高、辈分高的人值得尊敬，所以被称为"尊"，如"尊长"；"尊"为

酒樽

甲骨文合集14879

敬辞，如"尊府""尊驾""尊姓大名"等。这些用法是"尊敬"义的合理引申。作为一个量词，"尊"可指称塑像、大炮等，如"一尊佛像""五尊大炮"，这是由"尊"的"酒樽"义衍生的，因为酒樽有着明显的个体数量特征。

甲骨文合集30728

甲骨文合集27931

殷商金文_集成12·07307

殷商金文_集成10·05186

西周金文_金文通鉴02342

战国金文_总集07·5396

战国_古玺汇编197·1956

说文小篆_或体

说文小篆

斬

礼法视界

道

　　"道"就是现在的路，其意义引申开来，则有人的活动达到规范、理想境界之类意义，如行事的方法、思想、学说、道德标准、理想的政治状态等。"道"之所以被赋予这种人文意义，与上古文化背景是分不开的。

　　古书中记载了这样一个故事：春秋时代，单襄公受周定王派遣出访宋国、楚国，途经陈国。单襄公在陈国境内见到"道茀不可行"，即道路荒芜无法行走，回京城后便对周定王说陈国一定是要灭亡了。其后仅两年，单襄公的预言便成为现实，陈国被楚国灭了。从交通道路状况的恶化，竟可预见国家政权的灭亡，足见在先民眼中道路的有无，及其完好程度，完全就是国家政治状况的标志。这种观念的形成来自道路对于国家统治的重要性。

单襄公

　　在古代社会，"道"不仅事关先民经济生活的方方面面，而且是政治统治范围、效率的物质维系。可以说，"道"乃是国家政治状况的物化。所谓"无道"并不仅是一种抽象概念，而且往往有与"无道"之名相符的实际内容。"道"既然如此直观地体现着国家政治状况的好坏，那么它产生出人的活动达到规范、理想境界之类意义也就不难理解了。

西周金文_集成16·10176

西周金文_集成16·1017

春秋金文_集成09·04631

战国楚简_郭店_五行5

战国楚简_郭店_老子甲6

战国楚简_郭店_太一生水10

战国楚简_郭店_语丛二38

说文_古文

说文小篆

法

　　"法"是个古今意义没什么变化，而字形经过省变的文字。本写作"灋"，是个由"水""廌"和"去"组合起来的字。这个字形与"法"表示的刑法有什么关系呢？这其中，古代神判的习俗和观念产生了作用。

　　"廌"是古代传说中的一种神兽，也称"獬豸"或"解豸"。体形大者如牛，小者如羊，类似麒麟，头上通常只长一角，俗称独角兽。它拥有很高的智慧，能辨是非曲直，能识善恶忠奸，发现奸邪的官员，就用角把他触倒。当人们发生冲突或纠纷的时候，独角兽能用角指向无理的一方，甚至会将罪该万死的人用角抵死。传说，帝尧的刑官皋陶曾饲有獬豸，凡遇疑难不决之事，悉着獬豸裁决，均准确无误。所以在古代，獬豸就成了执法公正的化身。古书中多有这样的记载：当法官或国君难以判断诉讼双方孰是孰非时，就会找一头这样的神兽来帮忙识别罪犯，而神兽也不负众望，总能把罪犯找出来。

神兽廌

　　今日古文字考释认为，"灋"中的"去"，其实是"盍"字的省写，只表示读音。据此，我们可以正确理解由"水""廌"和"去"组合起来的"灋"字："水"表示刑法平之如水，"廌"表示能把罪犯识别出来的神兽，它所呈现的是原始"法"的观念。

西周金文_近出 0486

西周金文_集成 05·02816

西周金文_集成 08·04324

春秋金文_近出 0029

春秋金文_集成 01·00285

战国金文_音乐文物山东卷

说文_今文

说文_古文

说文小篆

坟

　　"坟"（繁体字为"墳"），埋葬死者的一个土堆，为死者的墓地立一个标志，以便亲属容易寻访，祭扫礼拜。

　　然而"坟"字原本与坟墓无关，表示的是"山"。屈原著名的诗篇《哀郢》中有这样的诗句："登大坟以远望兮，聊以舒吾忧心。"所谓"登大坟"就是登上一个大土山。"坟"字是如何从"山"这个本义引申到"坟墓"这个意义的呢？

　　在上古，埋葬死人的墓地上是没有坟堆的，这与当时人们只是在祖庙里祭祀先人而不习惯去上坟的习俗有关。坟堆的出现，大概是在春秋时代。据文献记载，伟大的孔子竟然还是最初造坟运动的推动者。孔子在合葬了他的父母以后建了一个高四尺的坟堆，或许是因为自觉过于"创新"，便作了一番解释，说了一段大意如下的话：我听说，古时候的坟墓

传统坟墓

是没有坟头的，而我孔丘现在是东西南北到处奔波的人，不能不在父母的坟墓上做个标记（以便日后祭扫）。可见坟的出现与人们在坟前祭祀先人的习俗有关。而当坟堆出现以后，人们为这个新出现的"土馒头"起名字时，发现它与"坟"原来表示的"山"在外形上比较相似，便用"坟"来称呼它了。

说文小篆

封

"封"表示封藏、密闭。然而，正是这个"封"字，又可表示给予官位，如"封官""封爵"。给予官位为什么叫"封"呢？要说清这个问题，还得从"封"字本义谈起。

西周金文"封"字作 🌱，是以手植树于土上的形象。"封"本指加土栽种树木。在古代社会，邦国的边界多植树以为标志。据考古发现，商周时已多用培土植树的方式来形成边界，还设有"封人"这么一个职官来管理边界事宜。那么，表示培土植树为界的"封"，又同给予官位有什么联系呢？古代赏赐官爵，同时还必须赐予土地。现在人们常说的"封建"一词，就是"封土建国"的省略。

商周时人们植树为界，分土建国，而所分土地的大小，依受封爵位的大小来决定。公爵最大，侯爵次之，其次是伯爵，再次是子爵，最后是男爵。按《礼记·王制》记载，公爵与侯爵的封地为一百平方里，伯爵是七十平方里，子爵和男爵则是五十平方里。既然赏赐官爵的实质内容是给予领地，而领地的范围又总是以植树（封）来划定，所以赏赐官爵便也自然要称之为"封"了。

西周金文_集成15·09384

西周金文_近出二8

西周金文_新收1556

西周金文_集成12·06435

西周金文_集成08·04293

春秋金文_集成16·10154

战国金文_铭文选八八一

说文_籀文

说文_古文

说文小篆

府

　　尊称别人的家总免不了用上"府上"一词，"府上"还可说成"贵府"。"府"是形声字，"付"是声符，"广"是形符。"广"作为部首，表示房屋建筑一类的意义。看起来"府"的造字意图似乎与"府上"之"府"颇为契合，其实"府上"一词的形成，经历了相当复杂的演变过程。

　　"府"的最初意义是"仓库"。上古时代，表示"仓库"的文字有好几个："仓"表示"粮食仓库"，"库"表示"兵器仓库"，而"府"则表示"文书仓库"。在中国古代，文书的使用主要集中在政权机关，于是政权机关就成了文书的仓库。本指"文书仓库"的"府"就很自然地成为政权机关的代名词。"府"字今日总与"政"字联系在一起，称呼国家政权机关，就是由此而来的。由"官府"的意义引申，"府"又可称高级官员居住的地方，如"王府"等。中国历来有将官职或官衙的名称泛化为一般称谓的习俗，"府"自然也不例外，便成了对别人的家的尊称。

春秋金文_集成05·02589　　　　战国金文_集成04·02309　　　　战国金文_沅水图五一八

开封府

战国金文_集成15·09616

战国金文_集成02·00327

战国金文_集成02·00328

战国楚简_上博八李颂1背

战国楚简_包山_文书3

说文小篆

冠

  "冠"即帽子，战国楚简写作，上面是"冃"，下面是"元"。"冃"是帽子之类，"元"则是人的头，这本来已经是一个很容易理解的会意方式了，但是这个字到了小篆中，造字意图有了一些改变。小篆"冠"写作，以"冖""元""寸"构成。"冖"表示"覆盖"，与"冃"的意义类似，与"元"配合会意"冠"，已经相当合乎逻辑了，但是小篆偏偏要加上一个"寸"。"寸"在这里并不是一个长度单位，而是表示"法度"之类的意义。"冠"字为什么会以"寸"来充当会意部件呢？这是因为在古代社会，帽子总与礼法规则发生联系。

  古人戴冠的礼法制度相当繁杂。《礼记·典礼上》记载："男子二十，冠而字。"这就是说，古时男子到二十岁才举行加冠的仪式，所以冠礼实为古代男子的成人礼。而且并非人人都有资格加冠，唯有贵族才可以把"冠"戴在脑瓜顶上。

戴冠的皇帝

古人凡遇到比较重要的场合，都必须戴冠，否则就是违礼。古书中记载，汉武帝平时不太喜欢戴冠，但如果见到喜欢进谏的大臣汲黯就不敢怠慢，只好赶紧戴上冠。

冠是用来标志人们的尊卑地位的，戴冠自然也就只能选择与自己身份相符的。如果违反了这种礼规，就是违礼，甚至有人因为戴了不合礼法的冠招来杀身之祸。

凡此种种都表明，古人的冠其实是一种礼法的象征物，时时处处制约着人们的行为。所以"冠"字中就少不了一个表示法度的"寸"。

甲骨文合集6947正

甲骨文合集10976正

战国楚简_包山_219

战国楚简_包山_231

战国楚简_郭店_唐虞之道26

说文小篆

轨

　　"轨"（繁体字为"軌"），让火车跑的道，却又具有"法规"之类的意思，如不遵守法度会被说成"越轨""不轨"。两种不相干的意义怎么会并存于一个"轨"字中呢？这与中国古代的交通状况有关。

　　"轨"字本来的意义，是表示车子两轮间的距离。正是这个意义，与"法规"之类的意义发生了直接联系。秦始皇统一中国后颁布了一个著名法令："一法度衡石丈尺，车同轨，书同文字。"规定车子的轮距要有统一的标准。为什么"车同轨"会成为一项立国大政呢？古代社会没有电话、电视等通信设备，传递信息或政令只能靠使者坐着马车传送。然而，要让车在道路上畅行无阻，有一个条件不可或缺，即车辙的统一。如果"轨"的宽窄脱离道路的限制而任意为之，则难免发生交通阻塞、

轨：古文的"车"（繁体字为"車"）总是突出两轮间轨距的描摹

瘫痪的严重后果。这就是国家用法律的手段将全国车子的"轨"强行统
一起来的原因所在。

　　由此可见，"轨"之所以会有"法则"之义，与轨所受到的这种法
律制约相关：车轨既须依法而定，其本身也便具有了法规的性质。

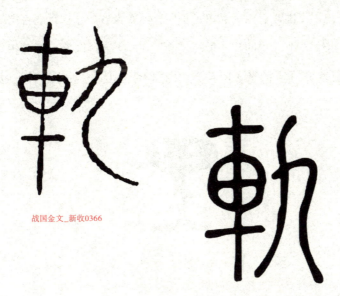

战国金文_新收0366

说文小篆

里

　　"里"是一种长度单位，如"万里长征人未还"之"里"。还可以表示居住单位，如"五邻为里"之"里"。像这样长度单位和居住单位的二位一体，与中国上古时代的田宅制度有关。

　　据古文献记载，周代实行井田制。所谓井田，就是将九百亩田地作为一个基本单位，划为九区，每区一百亩，形如"井"字。其中间一百亩为公田，周围八百亩为私田，平均分给八家农户。这种九百亩的土地单位，叫作"井"，也叫作"里"。"里"字古文字写作𤲒，以"田""土"会意，正表明"里"的概念是建立在土地制度之上的。由于这种土地制度，

西周金文_集成05·02787

"里"便成为一个自然的居住单位。

　　"里"作为一个长度单位,与居住单位之"里"具有某种内在关联。
据文献记载,周代的"里"的长度为三百步,这正是居住单位一"里"
的正方形边长。

西周金文_集成08·04299

战国楚简_郭店穷达以时11

战国楚简_郭店语丛一11

说文小篆

陵

　　"陵墓"之"陵"，从"阜"（偏旁写作"阝"）得义。"阜"作表义偏旁常常表示与"山"有关的意义，而"陵"的本义正是"高山"。"陵墓"与"高山"，如何能够在"陵"字中二位一体呢？

　　古代墓穴之上出现坟丘，原本是为了给墓穴作一个标记，以方便墓主的亲属上坟祭扫。但是，在墓上坟丘出现的时代，正是古代中国等级制度异常森严的时代，人们衣食住行中的种种物品都因所有者身份地位的不同而有所差别，墓穴上的这个土馒头当然也不能例外。墓主身份越是尊贵，坟丘也就垒得越高。这样一来，最高统治者——皇帝的墓上坟丘就被垒得高如山陵。于是乎，"山""陵"二字也就变成了皇帝坟墓的代名词。到了魏晋隋唐时代，帝王们往往借用山体来充当自己的"陵"，这样，表示坟丘的"陵"就成名副其实的"高山"了。如唐太宗修建昭陵，就是把九嵕山当作陵体，凿山而建成的。

西周金文_集成15·09816　　　　西周金文_集成15·09726　　　　西周金文_近出0292

　　到后来，"陵"在漫长的岁月中演变成"坟墓"的同义词，进而与"墓"如影随形，出现在我们的语言中。

西周金文_集成11·05823

战国金文_集成16·10371

战国金文_集成15·09711

战国楚简_郭店_尊德义39

战国楚简_包山_文书13

战国楚简_包山_文书166

说文小篆

庙

　　"寺庙"之"庙"，最初仅指"祖庙"，是供奉祭祀祖先的处所。将其他神灵请进庙中，则是周朝以后的事情了。

　　"庙"字繁体写作"廟"，以"广（房屋）"表义，以"朝"表音。而这个表音的"朝"，在西周金文中就被用作"庙"，也就是说，"庙"与"朝"本来难分彼此。什么是"朝"呢？帝王或官长每天早上会见下属、处理政务的地方——朝堂。

　　祀奉祖先的庙与朝堂究竟是如何联系上的呢？

　　古书中有明确记载，古人的宗庙，实际是摹仿朝堂的格局而建构的。这样做的原因，在于古人特有的丧葬观念。在古人看来，人是肉体与灵魂的结合体。死亡仅仅意味着肉体的毁灭，而灵魂则不会消逝，并仍具有活人的种种欲望需求。同时，死者的鬼魂还能决定生者的吉凶祸福。

太庙

　　这种观念,毫不费力地造就了古人丧葬行为的一个基本原则,即"事死如事生",也就是要为死者创造一个如同他生前的生活环境。而古人把供奉祭祀先祖的庙建成朝堂的格局,正是为了建造一个后辈朝见先祖的朝堂。

西周金文_集成08·04271

西周金文_集成08·04289

西周金文_集成08·04280

西周金文_集成05·02631

西周金文_集成04·02417

战国楚简_上博孔子诗论24

战国楚简_郭店_语丛四27

说文_古文

说文小篆

社

看到"社"字，人们一般会想到"社团""社会"之类或大或小的集体组织。"社"字由"示"和"土"组合而成，这两者是怎么联系起来的呢？

"社"字原本表示"土地神"，它的古文字写作 ，是土块的形象，与"土"字相同。以后在"土"的边上加上与神灵有关的"示"，才成为与"土"字形不同的"社"。在古代，土地神是一个经常被人们祭祀的对象，所以"社"又可以表示祭祀土地神的活动和场所。

在中国古代，土地神是一个十分重要的神灵，汉语中"社稷"一词是国家的代名词，其中"稷"指谷神，而"社"则是土地神。土地神、谷神之所以能够指称"国家"，是因为祭祀它们乃是国家最重大的事情。因此，"社"作为祭祀土地神的活动，有着非常悠久的历史和多样的内容，如举行一些迎神赛会的仪式。渐渐，由祭祀发展成有交际娱乐功能的集体活动，包含了各种民间游艺活动，如社戏、赛社等。鲁迅在他的《社戏》一文中就详细描述了童年时在故乡看社戏的往事。

总而言之，社祭活动渐渐演化成一种全民参与的深入人心的活动。在这个特定的时间和空间，人们才会空前集中，这就使"社"逐渐产生了"团体"这一层意思。合作社、供销社、出版社、报社等等"社"的产生，无不根由于此。

战国金文_铭文选八八〇

战国楚简_清华五_汤处于汤丘8

战国楚简_清华六_郑武夫人规孺子11

说文小篆

位

　　"座位"的"位"，本与"站立"的"立"字形相同，它们在古文字中都写作 ，是一个人正面站立的形象。

　　"位"本是指朝廷中群臣所站的位置。在上古时代，群臣在朝廷上都是站立在符合自己身份的位置上的。不仅仅在朝廷，这种按照人们不同身份地位来确定他们所站位置的制度，还被全面贯彻到古代各种祭祀、典礼等比较重要的场合。显然，既然人总是站在他应在的位置上，"位"字以"立"为表义符号也就非常自然了。

　　官员们所站的位置又是与其职位相统一的，人的职位可以最充分地显示人的社会地位。中国人早有以职位作为尊称的传统，如称杜甫为"杜工部"，把王羲之称为"王右军"等。出于同样的思维逻辑，表示"职位"的"位"又可以演化为一个表示敬意的人称量词，如"诸位""列位""各位"。

王羲之被称作"王右军"

战国金文_铭文选八八一

战国楚简_郭店_缁衣25

战国楚简_包山_卜筮祭祷记录224

说文小篆

111

县

　　"市县"之"县"，古文字写作 ，描摹的是一颗人头悬挂在树上的形象。与此构形相应，"县"字本义即表"悬挂"。

　　用悬挂人头的形象表示"悬挂"，在今人看来不免有些阴森可怖，但在造字时代却是最自然的一种创意。上古诸侯、部族之间征战，有砍下敌人的脑袋用以记功的制度，形成悬挂敌人首级炫耀武功的习尚。造字者选择这种形象来构成本义为"悬挂"的"县"字，当然是合乎逻辑的。

　　然而，本表"悬挂"的"县"如何能成为行政区划的称名呢？这与古代的政治制度有关。先秦时代，中国主要实行"分封制"，在这种制度下，天子将国家大部分土地分给他的亲属或功臣，形成所谓"诸侯国"。而天子直接统治的国都周围地域则称为"县"。诸侯尽管也臣属于天子，但他的领地并不受天子的直属管辖。或者说，诸侯国并不直接悬挂在中央政权之下，而天子直接统治的"县"却是。于是，受中央直属管辖的领地自然就获得了"县"的名称。

　　正因为"郡县"为君主直属，"郡县制"就成为"分封制"的对立面，成为春秋战国时期政治制度改革的主要方面。到了秦始皇时代，郡县制完全取代了分封制，国家版图之内的所有疆域也就全数直接"悬（县）"于皇帝的铁腕了。

甲骨文合集18919

甲骨文合集18859

甲骨文合集13624

甲骨文花东37

西周金文_集成08·04269

春秋金文_集成01·00230

春秋金文_集成01·00273

春秋金文_集成01·00285

战国楚简_包山_卜筮祭祷记录227

战国楚简_曾侯乙墓2

说文小篆

黑

  "黑"就是黑色，它与白色一样，是永不过时的经典时尚颜色。可是在汉语中，我们会发现，除了表示颜色外，黑色还与邪恶、凶暴、不祥有着种种关系。单纯的色彩是如何与这些令人不快的事物联系起来的呢？

  在上古中国，服装颜色与人的身份地位相一致，这是古代宗法社会礼制的重要内容之一。如"黄"为帝王之色，"朱紫"为高官服色，而"黑"则是庶民、奴隶的服色。

  甲骨文"黑"字作&#x福;，在人的头面部加一竖笔，表示面部涂黑（甲骨文是刻画文字，块面营构不便）。在将黑色与侮辱性的刑罚相联系的文

山东诸城东汉墓出土描绘罪人被施
行髡黥刑罚场面的画像石摹本

化心理中，黑色与邪恶、凶暴、不祥发生联系也就自然而然了。如"黑祲"一词，指不祥之气；"黑业"，是邪恶之业；等等。现代"黑手""黑帮""黑店"之类的词语，至今还传达着古人的这种意识。

甲骨文合集25811

甲骨文合集29508

春秋金文_皕明54

战国楚简_曾侯乙墓174

战国楚简_清华四_第二十四节卦位图、人身图50

战国_古玺汇编366·3967

战国_古玺汇编271·2842

战国_古玺汇编363·3934

说文小篆

"伐"在今天最基本的一个用法，是指有规模地攻打别人，如"讨伐""征伐"等，都表示出兵攻击。甲骨文"伐"字写作 ，从字形上可以看出"伐"就是用武器砍人脑袋，这个动作就是"伐"字的本义。

有个成语叫"伐功矜能"，意思是夸耀自己的功绩和才能。显然，"伐"还有一个比较奇特的意义——"夸耀"。"伐"之所以可以表示"夸耀"，其实与"伐"字砍脑袋的字形描摹也是有内在联系的。在上古时代，战争是决定人们生存境况的头等大事，于是杀敌便成了至高无上的功绩。如何来证明这种功绩呢？最便捷的方法莫过于砍下敌人的脑袋来作凭证。斩首行动既然成为立功的依据，"伐"也就变成最值得夸耀的一种行为了。

甲骨文合集32968

甲骨文合集22155

甲骨文屯南751

殷商金文_集成18·11753

殷商金文_集成10·04805

西周金文_集成06·03732

春秋金文_集成01·00276

战国楚简_郭店_语丛二51

战国楚简_上博三周易13

货系455

说文小篆

多

　　"多"是"少"的对立面，它的基本意义是数量大。现代汉字"多"似乎是以两个"夕"构成的，但其实"多"中的"夕"本是肉的形象。甲骨文"多"字写作 ，正描摹了两块肉。当然，"多"中的二"夕"并非仅指具体的两块肉，而是指肉多，这就如同用两个"木"表示众多的树——"林"一样。那么，古人为什么会用肉来构成"多"字呢？

　　这说明在古代造字者的心目中，肉有着格外重要的地位。中国是一个农业古国，大约在一万年前便已进入农业社会。对于农业民族来说，五谷杂粮瓜果蔬菜并不稀罕，而肉类的获得就不那么容易了，因此肉特别受重视。在上古时代，肉是供奉给神灵的主要祭祀用品。古文字"祭"正描摹手持肉块奉献神灵的形象。

古文祭字

祭祀神灵在古代社会是人们生活中的头等大事，奉献给神灵的祭品，也总是最值得珍视的东西。因此，用多肉的形象来构成"多"字，也就成为古代造字者自然的选择。

甲骨文合集 38164

甲骨文合集 12696

甲骨文合集 2607

殷商金文_集成 10·05396

殷商金文_集成 07·03975

西周金文_集成05·02769

秦陶文新编_607

说文_古文

说文小篆

婚

人伦天地

伯

　　"伯"既是一种亲属称谓,指"父亲的兄长",也时常被人们用作敬称:与父母辈分相同而年纪较大者多被称为"伯父""伯母"。这是为什么呢?

　　中国传统上把兄弟姐妹中排行老大的称为"伯",成语"难分伯仲"或"伯仲之间",比喻事物不相上下。其中,"伯"指兄弟排行中的老大,"仲"指老二。按照上古礼法,老大在承嗣中是具有优先权的,也就是所谓"长子继承权"。这也就决定了"伯"具有更加尊贵的地位。"伯"既然更加尊贵,于是便由普通亲属称谓演变为一种敬称。

　　观察"伯"字的构形,左边是个"人"字,右边是个"白"字,似乎看不出与"老大""第一"的意义有何联系。其实在古文字中,"伯"字最初是写成"白"的,而"白"是一个象形文字,象人头面部的形象。面貌的"貌",小篆作 𤲬 ,下部是"人",上部的"白"正表示人的头面部。头位于人体的最上部,所以用它来表示"第一"就再自然不过了。

伯夷像

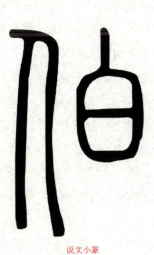

说文小篆

"父"，更普通的说法是"爸爸"。但有心人不难发现，"父"字的用法其实并非仅仅局限于此。"祖父""叔父""舅父"，指的是亲族中的男性长辈，这些称谓中都少不了一个"父"字。而"父兄"一词，则可泛指"家长"。男性长辈，为什么都能用"父"字来表示呢？这需要追究一下"父"这个亲属概念的产生和发展。

"父"的古文字，是一只手拿着石斧的形象。石器时代的成年男子以石斧作为主要生产工具，所以"父"字最初表示已经成年并有生产能力的男子。在远古，人类的婚姻形式是群婚。所谓群婚，即一群男子与一群女子结成夫妻关系。在这种婚姻制度下，子女可以确认生母，但要确认生父就不太可能了。生父既然无法确定，相应的亲属概念也就不可能产生。"父"这个称谓，指称的就是这群与生母保持婚姻关系的男子。远古时代人群的基本组织单位是氏族，对年幼的成员而言，他们所接触到的成年男子主要是本族的或是与本族具有通婚关系的邻近氏族的长辈男性。所以，"父"也用来称呼年长的男性。随着专偶婚取代群婚，女性的配偶变得固定而单一，子女的生父也随之得以明确，并形成相应的亲属概念。"父"也就成了"爸爸"的专称。至于"叔父""舅父"之类的称谓，则多少传递了一些远古亲属称谓的遗风流俗。

甲骨文合集30303

甲骨文合集19941

甲骨文合集27488

殷商金文_集成04·01815

西周金文_集成近出0968

春秋金文_集成09·04519

战国楚简_上博孔子诗论9

货系1208

说文小篆

赴

　　"赴"是"赶赴""奔向"的意思。然而"赴"字还有一个特殊的用法：报丧。表示"赶赴"的"赴"是怎么与死讯联系起来的呢？

　　先秦已有报丧的礼制，相应的文字是"赴"。"赴"的义符是"走"，而"走"的意思是"跑"，可见古代报丧是与奔跑相联系的。古代通信不如现在方便，任何消息都必须由专人日夜兼程、千里迢迢地"奔赴告知"，死了人的噩耗当然更是如此。

　　由于通信手段的进步，报丧的奔告形式逐渐被淘汰。人们觉得有必要把这种特殊用法的"赴"与表示一般意义的"赶赴"区别开来，于是就用言字旁的"讣"表示报丧了。

春秋金文_集成16·09995

战国楚简_包山_文书167

战国楚简_包山_遣册265

战国楚简_包山_文书178

战国楚简_上博八王居7

说文小篆

公

　　将别人的儿子称为"公子"，被称呼的那方心里一定会很舒服，因为"公子"一词是汉语中极传统的一个敬称。大多数传统敬称，其前身往往是官爵名称，"公子"也不例外。

　　"公"字从小篆以来，就以"八""厶"会意。"八"表示"相背"，"厶"就是"私"，可见"公"是与"私"相对的概念。然而在春秋时，"公"最基本的用法是"诸侯通称"，如著名的"春秋五霸"中凡属中原的都称"公"：齐桓公、宋襄公、晋文公、秦穆公。"诸侯"称"公"，是因为在当时的社会，各诸侯国已经包容了众多的族，而族作为一个血缘人群单位具有内部高度亲和、利益一致、荣辱与共的属性，所以也被称为"私"。正由于与这个"私"相对，"公"才被用来称呼"诸侯"。"公"为"诸侯"，

春秋五霸之一：晋文公

甲骨文合集36545

"公子"也就成了诸侯之子的称呼,当然,这个称谓具有天然的尊贵意蕴。

　　古代君主,多妻多妾,于是便能产生诸多的"公子"。公子一多,"公子"的称呼也渐渐泛滥。随着时代的发展,"公子"也就从诸侯之子的专有称呼,泛化成为对一般人子女的敬称了。

甲骨文合集36547　　　　　　　甲骨文屯南3960　　　　　　　殷商金文_近出829

春秋金文_近出0011　　　　　战国金文_新收0385　　　　　战国楚简_上博六竞公疟13

战国楚简_上博八成王既邦2　　战国楚简_上博四曹沫之陈53　　　说文小篆

孤

　　"孤"字最常见的意义是"单独"，如"孤单""孤独"。有个成语叫"孤家寡人"，现在指脱离群众、孤立无助的人。但值得注意的是，这个现在是贬义的成语，原本却是古代君主的自称。难道古代君主真的那么谦虚吗？当然不是。弄清这个问题，要从"孤"字本义说起。

　　"孤"是个形声字，其中"子"是表义的形旁，"瓜"是表音的声旁。"子"就是"儿"，所以，"孤"本指孤儿。然而，"孤"本义所指的孤儿与今日所谓孤儿有所不同。今天的"孤"，是指父母双亡的孩子，但"孤"字本义仅指死了父亲的儿子，死了母亲的孩子则叫"哀子"。今日所谓"孤儿"，古时叫作"孤哀子"。"孤"字为什么会特指"死了父亲的儿子"？

战国楚简_上博七吴命4

战国楚简_上博七吴命8

父系时代以后，随着男权的确立，人们的婚姻关系由母系时代的群婚演变为专偶婚。这种专偶婚，女子只能从一而终，男子却可以妻妾成群。特别对于统治阶层而言，多妻是一种法定的制度。对多妻家庭的子女来说，父亲只有一个，母亲则往往会有一大堆，故死去个把母亲，哪怕是生母，也算不得什么。虽然免不了要"哀"，但至少称不上"孤"。然而父亲一旦亡故，则绝对不会再有"替补"。

在上古时代宗法制度下，只要父亲一息尚存，哪怕他老年痴呆、又聋又瞎，一般也是不会将权力尊位传给儿子的。故大凡储君能够得到爵位，总是在他死了父亲，即成了"孤"之后。所以古代君主以"孤"自称，是具有一定必然性的。

战国楚简_清华六_郑武夫人规孺子10　　　　　　说文小篆

婚

　　"婚姻"之"婚"，与"黄昏"的"昏"历来有些纠缠不清。在古书里，"婚姻"之"婚"往往只写作"昏"。"昏"字甲骨文写作 。上面的"氏"为"氐"字之省，是"下"的意思；下面是"日"，即太阳。所以"昏"字本义表示太阳西下后的那段时间。作为一个时段概念，"昏"字怎么又能表示"婚姻"之"婚"呢？《说文解字》对这个问题的解释是："礼，娶妇以昏时。"意思就是，根据古代礼法，娶妻子的结婚仪式就应该在太阳下山之后的黄昏举行。

　　其实，古人在"昏"时结婚，是一种原始抢婚习俗的残留。抢婚，指的就是男子将女子抢回家迫使她成为自己的妻子。为避免女方家族的抵抗，保证抢婚的成功，抢婚的时间一般选在日落天黑之后。远古时代这种婚姻习尚，在近时一些少数民族婚俗中也可得到某种印证。当然，这种抢婚，已不是真抢，但与原始时代真正抢婚的关系却是显而易见的。在时间上，这种名义上的抢婚无不选择夜晚，这也充分显示了"昏时"乃是抢婚之俗的一大基本时间特点。后来，为了与表示黄昏的"昏"字区别开来，表"婚姻"的"昏"被加上了女字旁，这才有了现在的"婚"。

说文_籀文

说文小篆

舅

　　"舅"是一种亲属称谓，指母亲的兄弟。但在古人语言中，"舅"除指母亲的兄弟外，还是媳妇对公公的称呼，又是女婿对岳父的称呼。这种不合情理的亲属称谓习惯又是如何形成的呢？

　　亲属称谓是实际亲属关系的产物。在人类原始婚姻制度中，有一种很常见的婚姻形式，即两个部族之间固定地相互通婚。具体来说，就是甲族男子只娶乙族女子，而乙族女子也只嫁甲族男子。反过来也是一样。同时，原始互婚一般又采用群婚方式，即甲族的所有女子（一般有辈份限制，后同）是乙族所有男子的妻子，乙族所有男子是甲族所有女子的丈夫。反之亦然。也就是说，同一部族的同一辈人实际都有兄弟姐妹的名份。而这种群婚形式的原始互婚只须延续两代，便会造成姑姑作婆婆、舅舅作公公，或者姑姑当岳母、舅舅当岳父的亲属关系。

　　这种原始互婚，虽然是极其久远的历史现象，但在后世民俗的传承发展中还是留下了一点痕迹：中国传统婚姻习俗崇尚"亲上加亲"，即表兄妹之间的互相嫁娶，无疑也会导致姑姑作婆婆或岳母、舅舅作公公或岳父的结果。

曹国舅

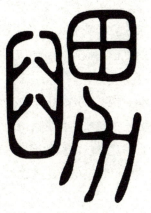

说文小篆

男

    "男"字甲骨文写作 ，以"田""力"来表示"男子"的意义。"田"是田地，"力"则是一种农具——耒的形象描摹。用农具耕作于农田的形象来表示男子之义，显示了这样一个信息：农业生产需要极大的体能承受力，体力强健的男子充当劳动主力。

    农业经济是继采集狩猎经济之后的一种人类生产方式。在采集狩猎时代，男子尽管也同样比女子强健有力，但特定的生产方式决定了他们无法成为物质生产活动的主力军。在男子狩猎、女子采集的社会分工生存模式下，相对狩猎来说，采集获得食物的稳定性要更高。需要强大体力劳作的农业经济的兴起，不但让男子替代了女子成为物质生产主力的地位，而且极大地提升了男子的社会地位，使他们真正地变成了社会的主导。

    所以，"男"字本身又是一个充满荣誉感的概念。据此，我们就可以理解另一个义项的发生因由了："男"与"公""侯""伯""子"一起，成为上古时代贵族爵位的五种名号，这正是植根于男子在农业生产中无可替代的作用和无与伦比的表现。

甲骨文合集21954

甲骨文合集3452

甲骨文合集3451

西周金文_集成07·03848

春秋金文_集成01·00278

春秋金文_集成09·04562

春秋金文_集成09·04569

战国楚简_清华二_第二十二章120

说文小篆

弃

"丢弃"之"弃",古文字描摹的是两只手端起一个畚箕将一个小孩抛出去的形象。婴孩是父母的心肝宝贝,即使在原始时代,人们也不会忍心遗弃婴儿。那么,"弃"字构形又当如何看待呢?

古书中记载,周的始祖叫"弃"。之所以得了这样一个名称,是因为他刚刚出生就被丢弃在小巷里、树林中、寒冰上。弃长大后成为才能非凡的人,对农业的发展有特殊的贡献,被人们称为"后稷"。在"弃"的上述两种事迹之间,有一种微妙的联系:人们之所以要强调他遭遗弃的经历,正是为了预示他以后事业上的巨大成功;而颂扬他对农业发展的伟大贡献似乎又是他被抛弃的经历所导致的一种必然结果。

其实"弃"字所表现的,并不是一种真正的弃婴行为,而是一种相当独特的诞生习俗——以弃婴的手段来祈求孩子今后成长道路的顺畅通达。即使在近现代,这种并不真弃的弃婴习俗还以种种不同形式表现出来。在江浙一带,旧时人们有将新生儿弃在狗窝里的习俗,叫作"蹲狗窝"。据说蹲过狗窝的婴孩会像小狗那样容易照料。在浙江杭州一带,有将小孩"送给"鬼神的习俗,称为"拜胡干爹(即无常鬼)"。在贵州一带,人们将新生儿象征性地丢给过路人,称为"寄拜过路者",即拜过路行人为干爹娘,并跟着干爹娘改名更姓。至于把小孩"送给"睦邻友好"认干爹娘"的习尚更是在各地普遍流行。

甲骨文合集9100

甲骨文合集21430

甲骨文合集8451

西周金文_集成16·10176

战国金文_铭文选八八〇

战国楚简_清华六_子产26

战国楚简_郭店_老子甲1

说文_古文

说文小篆

娶

　　"嫁娶"之"娶"，在上古文献中只写作"取"。甲骨文"取"写作 ，就像一只手持着一只耳朵。古人打仗时杀死了敌人，就割下他的耳朵作为记功的凭证，因此"取"是"捕取""以武力获取"的意思。本表"捕取"之"取"，为何又能表示"嫁娶"之"娶"？

　　其实，"捕取"与"嫁娶"这两件在今人看来毫不相干的事情在先民社会中是有联系的。

　　在人类婚姻形式发展的早期阶段，抢婚曾经是一种普遍存在的现象。抢婚有小规模的，偷偷摸摸进行的；也有大规模的，明火执仗地进行的。在原始氏族社会中，氏族部落之间的战争通常是这样结束的：得胜部落的勇士们将对方部落男子统统杀掉，而将对方妇女全部掳去充作自己的妻妾。因而以获得妻子为目的发动战争是天经地义、司空见惯的。在上古文献中，我们也常常可以看到相关的记载。春秋时还有用战争的手段来抢夺女人为妻的行为存在，但已经不是一种很光明正大的行为。尽管如此，"捕取"与"婚娶"在当时人们的心目中仍是密切相关的。"娶"由"取"演变而来也就毫不奇怪了。

猪八戒娶媳妇

甲骨文合集3297

说文小篆

姓

　　除了极个别的例外，人们都姓父姓，但是"姓"字的表义偏旁却分明是个"女"。这里的阴差阳错究竟是如何发生的呢？

　　姓在远古时代只是一种氏族的名号，而不代表个人。氏族其实也是一种血缘集团。"姓"字以"女"来表义，这表明古人造"姓"字的时候，孩子的血统只同母亲有关，这也就是所谓母系社会。实际上，中国古代那些最古老的姓，一般也都以"女"旁表义，比如：黄帝姓姬，神农（即炎帝）姓姜，少昊姓嬴，虞舜姓姚，夏禹姓姒。

　　那么，上古时代的姓为什么只同母亲有关呢？实际上这正是群婚所

神农姓姜

造成的必然后果。群婚使得远古时代人们只知其母不知其父。汉民族很多先圣的出生，都有一段荒诞的传说：庖牺氏（伏羲）是因为他的母亲踩了仙人的大脚印而怀孕降生的；神农氏是因为母亲感应神龙后受孕而降生的；商代的祖先契则是因其母吞食了燕子的蛋才来到人间。很明显，在这些传说里，先王先哲的父亲都是一些神仙鬼怪甚至动物，实际上正是远古时代人们只知其母不知其父的历史现象的一种曲折反映。"姓"字的女旁，就是这种历史的曲折反映。

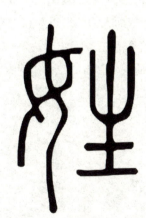

春秋金文_集成01·00271

说文小篆

兄

　　作为一种亲属称谓，"兄"的意思和"哥"一样，只是"兄"带有较多的书面语色彩，而"哥"则多用于一般的日常口语。造成这种差别的原因是"兄"比"哥"的历史要悠久得多，文化积淀也更丰富。

　　古代兄较之弟总是处于一种更为优越的地位。家族之主的承嗣，兄长总是具有优先权。殷商时代实行"兄终弟及"，即首先继位的兄长死后，弟弟继承兄长留下的尊位。周代开始，又发展为完全由长子继承的嫡庶制度，弟则丧失了正常承嗣的可能。

　　在中国古代，特别是上古时代，对祖先鬼神的祭祀活动被视为头等大事，因而人们的地位和权力在祭祀中显得格外清晰。主持祭祀者，必定是这个家族或宗族的最高统治者。这个家族或宗族之主一定也具有"兄"的身份。由此，对比观察"兄"字的甲骨文构形便不难发现，这个张嘴仰面之人的形象正是祭祀中祝祷者的描摹，正揭示了"兄"主持祭祀祝祷这一最重要的身份特点。

殷商金文_集成17·11392

西周金文_集成11·06003

春秋金文_集成01·00182

春秋金文_近出0080

战国楚简_上博四内豊6

战国楚简_包山_文书138反

战国楚简_清华三_芮良夫毖8

战国_古玺汇编234·2400

说文小篆

爷

作为亲属称谓，今人口中的"爷爷"指父亲的父亲。"父"是"爷"字唯一的表义符号。"爷"字为什么用"父"来表示字义？这是因为"爷"最初就是父亲的俗称。

值得注意的是，"爷"字还是一个用法相当广泛的敬称。年岁与祖父相仿的男子，人们常叫他一声"爷爷"。凡是长自己一辈的男子也都可以尊为"爷"：或跟在姓氏后面，如"张爷"；或前面添上排行，如"三爷"。子虚乌有的神仙，也要在对他们的称呼后加上一个"爷"以示虔诚，如"阎王爷""灶王爷"。

"爷"从一个亲属称谓演化为一个用途广泛的敬称，与中国尊亲的传统文化心态有关。在父权时代，男性家长具有绝对的权威和充分的尊严，他支配家庭中的其他成员，并得到他们的尊敬和服从。父亲既然有着无上的尊严和权威，"爷"作为父亲的俗称便成为对人表示尊敬的字眼：叫你一声"爷"，表示尊敬的目的可最大限度地得到实现。

灶王爷

清金农书写的"爷"（繁体字"爺"）

子

"子"是一个象形字，古文字作 𢀩，象头大体小、挥动手臂的幼儿之形，表示幼儿、子女的意思。在中国古代尤其是先秦时代，"子"常被用作敬称，如老子、孔子都被称为"子"。

表示血亲后代意义的"子"为什么可以作为对人的敬称呢？这与"子"在上古社会生活中所具有的特殊价值有关。

"子"具有的这种价值还得追溯到人类早期发生的父权与母权的斗争。母系社会时期是原始群婚时代。随着社会的发展，男子在生产劳动和社会生活中的地位逐渐重要起来，男子要确认自己血亲后代并建立自己权威的欲望也随之增强。随着父权取代母权，专偶婚也取代群婚成为父系社会时期的普遍婚姻形态。在父系社会，父亲的权威和财产都由他的血亲后代——"子"来继承。

成语有"不肖子孙"，"肖"就是"像"，成语的意思是不像父祖的后代。不像父祖，那么这样的后代很可能是"野种"，并非真的"子"，会被剥夺继承权。可见"不肖子孙"这个成语，反映了古人的"亲子鉴定"要求。在这种社会价值观下，"子"成为被人尊重的享有继承特权的人群，它演变为敬称也就毫不奇怪了。

甲骨文合集19946

甲骨文合集21567

甲骨文合集33468

殷商金文_新收1838

殷商金文_集成10·05380

西周金文_集成06·03738

春秋金文_近出1021

战国楚简_郭店_语丛一56

战国楚简_郭店_缁衣12

说文_籀文

说文_古文

说文小篆

族

"族"的古文字写作 ⸜⸝，是旗帜和箭的组合。古文字考释认为，旗帜表示血缘组织，箭表示人群的军事性质。上古时代血缘群体与军事组织是同一的，所以"族"本指"家族"，即以血缘关系而形成的若干辈人的社会组织。

当今时代，人们常用"族"来称呼并无血缘关系的人群单位，如把工薪阶层称为"工薪族"，把受雇于人者称为"打工族"等。可见"族"的意义被放大了，成为"类"的同义词，受到人们的特别重视。

在古书中，"族"除了和"类"同义以外，还表示旧时代的一种残酷刑罚。一人有罪，不仅全家会被处死，甚至母亲、妻子家的人也会被杀死，也就是所谓"灭族"。"族"之所以具有此种意义，是因为在上古，族这种血缘群体是一个内部高度亲和、利益一致、荣辱与共的基本社会单位，特别是在当时最重要的宗教、军事、政治活动的层面上。既然家族是一个高度亲和、利害一致的人群单位，那么杀了其中一个，就有必要将这个整体斩尽杀绝，否则势必后患无穷。

"族"既然如此重要，它由一个特定的家族之义演化成一般的类别意义也就非常自然了。

甲骨文合集14915

甲骨文合集31803

西周金文_集成08·04289

西周金文_集成07·04029

春秋金文_集成17·11289

战国金文_集成02·00287

战国楚简_上博九卜书5

战国楚简_包山_文书181

说文小篆

季

在现代汉语里，"季"每每与"时节"同义：春天叫"春季"，多雨时节叫"雨季"。然而"季"字本来是一种排行名称，它的字形结构是"子"与"稚"的省略字形的组合，指幼小的孩子，即排行最末者。这两个毫不相关的意义是如何联系起来的呢？

燕子是季候鸟

上古时代，人们重视排行，"季"作为一种排行位序最末的名称，又可以泛化到其他领域，其中尤以时序之名最为多见。如"季世"指一个时代的末期，"季春"指"春季"的末期。自古以来人们就有以首末代指全程的习惯，如"年"本指年末庄稼成熟收获的时候，进而指全年；"朝夕"本指一天的早上和晚上，用来代指一天。"季"也是如此，作为一个时间单位，它毫不费力地在"春季""雨季"等词语中，由指称一个时节的末期进而成为这个时节的代称。

在上古宗法时代，排行对于人们的实际利益和地位具有非常重要的影响。"长幼有序"是当时人伦关系的基本法则之一。这种法则首先体现在继承制度上，只有长子才是父亲爵位官职的法定继承人。除了长子之外，其他子女在权利上根据其排行的不同也有种种差异，排行最末者，在这种权利分配中自然要大大吃亏。与这种文化环境相应，"季"又有衰微意义，如"季世"，意思就是"末世"。

　　《战国策·赵策》记载:秦国以强兵攻打赵国,赵国向齐国讨救兵。而齐国要求赵国当时的执政者赵太后把小儿子送到齐国做人质才肯出兵。赵太后大怒,不肯应允,赵国岌岌可危。这时,赵国大夫触詟前去进谏,首先问了赵太后这样一个问题:从距今三代到赵国建国这段漫长历史时期中,历代赵国君主子孙中的封侯者(主要指那些无权继承王位而仅获封侯的叔季们),他们的后人能够承袭爵位至今的还有没有。赵太后答:没有。触詟又问:不光是赵国,其他国家这种承袭爵位至今的人有没有。赵太后答:也没听说有。很明显,这段对话充分揭示了春秋战国时代叔季们早早衰微的普遍命运。这种社会现实触目惊心,不能不对当时人们的思想观念造成某种冲击,于是“叔”“季”就有了衰微的意义。

甲骨文合集941　　　　　　　　殷商金文_集成04·01862　　　　　　春秋金文_集成16·10282

新出齐陶文图录_0349　　　　　　陶文图录_6·449·3　　　　　　　　说文小篆

蛮

"蛮"在现代汉语中常与"野"或"横"组合在一起，组成"野蛮""蛮横"等词，用来形容人不讲礼貌、粗野、残暴等。然而，"蛮"字构形却似乎与这种意义并不相干。它的繁体作"蠻"，上边的"戀"是表音的声符，而义符则是"虫"。

"虫"为什么能表示"蛮"字的意义？这首先需要弄清楚两个问题。第一，"虫"字本来表示"蛇"，读作 huǐ，它的古文字正描摹蛇的形象：2。第二，"蛮"原本是古代中原地区的人对南方少数民族的称呼，之所以有这种称呼，是因为南方少数民族被认为是"蛇种"，即蛇的后代。人怎么会是"蛇种"呢？这跟原始时代的图腾崇拜有很深刻的联系。蛇是我国古代南方少数民族的图腾，所以便会有"蛮"的称呼。

"蛮"指称生活于南方、人口相对稀少的人群，他们的文化相对中原文化较落后，中原民族的自我中心意识和优越感由此而生。他们眼中的"蛮"的行为特征就是没有礼貌、粗野、蛮横，因此"蛮"的"野蛮""粗野"义也就此产生了。

说文小篆

生物苑囿

件

　　"件"是现代汉语中最常用的量词之一,有形无形的事物都可用"件"来算,如"一件衣服""两件案子"。

　　"件"字由"人""牛"组合而成,原本表示"分别"。事物一经分别,也就具备了可以计数的量,所以它最终演化为量词也在情理之中。然而,"人""牛"的构形与"分别"又有什么关系呢?

　　"人"和"牛"之所以具有"分别"之义,是因为他(它)们在中国传统的文化观念中都具有特殊地位,区别于其他物类。"人"自然是最

牛在古代社会区别于其他牲畜

能与其他生灵相区分的，而"牛"也具备与其他牲畜相区分的特性。这是因为在农耕生产中，牛是人们最得力的助手，而农业生产又是当时人类社会存在的基础。因此，牛在古代社会中的地位要远远超过在现代的。同时，祭祀是古代社会中的头等大事，而牛则是古代祭祀牲畜中等级最高的一种，这也大大提升了牛的地位。由此可见，牛对古人而言具有特殊意义，区别于其他牲畜。

说文小篆

群

　　“群”字，以“君”表音，以“羊”表义。群居的动物很多，古代造字者为什么只选择“羊”作为“群”字的唯一表义符号呢？这正表明了古人对羊的合群性的高度认同。

　　曾在报端读到一篇关于羊的合群天性的文章，作者描述了这样一个震撼人心的场面：沙漠里的一群羊正要横穿铁路时被一列缓缓行驶的火车阻断。强健的头羊奋力一跃，从两节火车车厢之间跳了过去，其余的羊便不顾惊慌失措的牧羊人的竭力阻止，不自量力地纷纷效尤。结果可想而知，大部分羊葬身车轮之下，鲜血染红了一大片沙漠……显然，它

四羊方尊

们的死，是其与生俱来的合群天性使然。

　　"群"的造字也折射出了古人重视羊的原因所在。在古书中，常用"羔羊"一词来比喻人的品德高洁；而活生生的羔羊更是朝廷官府聘请人才的礼物。羊之所以被如此看重，古人做了种种解释，其中极为重要的一点就是羊"群而不党"的秉性。

春秋金文_集成01·00117

战国金文_铭文选八八〇

战国楚简_郭店_老子甲38

战国楚简_上博八李颂1背

说文小篆

特

不同一般叫作"特"：只有在某个国家或地方才有的产品叫"特产"，人们尤其擅长的技能叫"特长"，不同寻常的低价叫"特价"，效果格外明显叫"特效"，等等。然而"特"字的构形，却是由"牛"来充当表义偏旁的，似乎"牛"与"不同一般"很难联系到一起。

其实，"特"字最初指"公牛"。我们知道，牛在古代社会中具有不同一般的作用和地位，而这不同一般的牛中的雄性更不一般。中国古代

东汉画像石上的牛

畜牧业发达早，古人在实践中发现，要充分发挥牲畜的使用价值，必须将一般的雄性幼畜进行阉割，经过阉割的幼畜，生长速度会大大加快，进而满足人们的各种需要。这种大量被阉割的公牛，在古代汉语中有专门的名称，叫作"犍"。这样一来，雄性牛中只有少数作为种牛被留存下来。为了保证牛的繁殖质量，种牛总是由牛群中最强壮的公牛来担当。由此可见，公牛的特殊地位和作用是"特"的"不同一般"的意义的由来。

说文小篆

物

所谓"物",是天下万物的总称。"牛"是"物"字中唯一的表义符号。牛不过是牲畜中的一种,古人为何用牛来代表万物?

牛在古人心中是所有牲畜的代表。观察一些与牲畜有关的汉字,不难发现,它们的表义符号都是"牛",如"牲""牧""牝""牡"。

在古人看来,祭祀是最重要的国家大事,而奉献给神灵的祭牲中,牛是规格最高的一种,被称为"太牢",给予极高的礼遇。根据古书记载,即便贵为国君,如果在宗庙遇到供奉祖先神灵的牛,也必须行俯身凭轼的致敬礼。在古代,只有天子及诸侯在祭祀时才能杀牛。与此相应,在历代刑法中,都不难找到禁止宰牛食牛的条文。

牧牛图

牛如此受人尊崇，一是因为先民驯养的野生动物中，牛非常易于驯化，适于放养，二是牛力大体壮，吃苦耐劳，是人们耕种不可缺少的帮手。传说中，中华民族的始祖之一炎帝是农神，正是牛首人身的形象。牛既然如此被看重，那么作为天下万物的代表也就不难理解了。

甲骨文合集37095

甲骨文合集24575

甲骨文合集23217

甲骨文屯南2710

说文小篆

笑

　　笑是人类最常见的一种情态动作，但"笑"字上竹下夭的结构颇令人费解。在新出土的战国楚简文字中，我们看到了"笑"字的早期形体：  它的上部是声符"艸（草）"，下部是义符"犬"。

　　那么，犬为什么能表示笑呢？这就要从上古先民的生活方式以及他们和狗的亲密关系谈起了。

　　狗被古人视作"六畜"之一，是人类最早驯化的动物之一，也是上古人们狩猎出行的好帮手。可以说人与狗的"朋友"关系自古有之。人与狗之所以会形成如此亲密的关系，除了一些事关生存的功利原因外，还有精神需求。

　　成语有"声色犬马"，说的是最能令人愉悦快乐的几件事物，犬赫

战国楚简_上博三周易42　　　　　　战国楚简_清华二_第十四章68

然在列。不难想象，古人在利用狗狩猎、看家之余，平时也会与狗玩耍、嬉戏，以逗狗为乐。而此时，狗通常会咧嘴露牙，发出对人表示亲昵的声音，无论是声音还是神态都酷似人的笑。人狗和谐相处，得到了最会心、最无邪的笑。而"笑"的表义符号，也就非犬莫属了。

郎世宁画的犬

战国楚简_郭店_性自命出22

说文小篆

雁

"雁"是一种鸟，由"隹""人""厂"构成，"厂"是声符，"隹"是鸟。按照常理，"厂"和"隹"组合表示"雁"这种鸟就够了，那为什么还要再加个"人"呢？这是因为雁在古人心中是人伦的象征，而这种象征意义是多方面的。

雁是一种候鸟，秋天南飞，春天返回北方。古人认为这是一种顺乎阴阳的行为，而婚姻就是阴阳两性的和谐结合，所以用雁来象征阴阳和谐。古时婚姻礼仪为纳征、纳采、问名、纳吉、请期、亲迎。这六种礼仪除了纳征之外，其他五种礼仪都要用到雁。婚姻用雁表示男大当婚、女大当嫁之意，雁也是男女双方忠贞爱情的象征。

战国楚简_包山_文书91

战国楚简_包山_文书165

雁，到了秋天就南飞，到了春天就返回北方，来去有时，从不失信。而恪守信用，是一个人应该具备的品格。

雁在迁徙的时候，总是排列成一定的序列，老壮的雁在前引导，幼弱的雁在后跟随，这又与人际关系中长幼有序的伦常相一致。

总之，在中国传统的儒家伦理观念中，雁在多个层面具备人伦的象征意义。所以古人在造"雁"字时，才给它加上了"人"旁。

彩绘雁鱼铜灯

说文小篆

义

　　"正义"之"义"，繁体为"義"，其中"羊"是表义的形符。"羊"究竟如何表"义（義）"呢？

　　"义"字的本义，并非表示"正义"，而是"容仪""礼仪"之"仪"，并有"准则"之义。显而易见的是，这些意义都可以归到"美善"这个大的义类中。说到"美""善"，不难发现这两个字中也都有"羊"，而且都是表义的符号。

　　在古人的观念里，羊确实可以成为美善的象征。《诗经》中有一首《羔羊》，用羔羊来称颂士大夫品格高洁。由此，"羔羊"便在古书中成了"高洁、正直"的代名词。羊为什么会被赋予这种象征意义呢？古书中曾有这样的阐释：羊这种动物，你抓它不跑，打它不叫，母羊给小羊喂奶要跪下，羊喜欢成群生活却又不互相勾结。羊的这些特性在古代统治者看来，自然是十分美善、高洁和正直的了。

甲骨文屯南2179

甲骨文合集27972

甲骨文合集32982

殷商金文_近出0843

西周金文_集成05·02809

西周金文_集成08·04171

春秋金文_集成01·00285

春秋金文_近出0072

战国楚简_郭店_缁衣4

战国楚简_郭店_语丛一54

说文小篆_或体

说文小篆

鱼

　　"鱼"是水生脊椎动物的总称。"鱼"的甲骨文、金文、小篆字形的象形程度不等，但都是鱼的形象描摹。

　　值得注意的是，"鱼"还有"丰饶"的意义。如"鱼米之乡"，字面上似乎是说有鱼有米的地方，实际是指富饶之乡，"鱼"在这里象征"富饶"。"年年有鱼"之"鱼"，也象征"富裕"。《诗经》里，"鱼"也常常被用来象征丰饶。

　　这是因为上古时代中华民族主要生活在温暖多水的地方，因而鱼资源极为丰富。在以鱼作为重要捕食对象的生产活动中，人们对鱼无与伦比的生殖能力有了充分的了解。于是在中国文化中，鱼不但成为人们物质生产丰富的象征，而且成为人类自身生产丰饶的象征。"鱼"字的"丰饶"意义，正是在这样的背景上产生的。

甲骨文合集22370

甲骨文合集10480

甲骨文合集22226

殷商金文_集成03·01127

西周金文_集成04·02168

西周金文_集成08·04169

西周金文_集成04·01551

春秋金文_集成04·02526

战国楚简_上博二容成氏5

战国楚简_上博三周易40

战国楚简_包山_遣册259

说文小篆

相

　　"相"字本义为"仔细观察"，今日"相亲"之"相"即保留此义。"相"的构形以"木""目"会意，甲骨文写作 ，描摹一只大眼端详着一棵树。省视的"省"甲骨文作 ，又作 。前者上面是"木"下面是"目"，与"相"造字意图类似。后者上面换成"屮"，也就是草。有的学者认为这个"屮"是"生"的省形，表示初生草木，也有表示读音的功能。

　　草木本属同类，因此草也可以被端详。其实，古人对于草木必定是要仔细端详的。远在采集时代，草木是人们谋食的主要对象。而草木种类万千，性质各异，为了生存，先民不得不细加审视以便取舍。传说中，神农氏曾尝遍百草，以挑选可供食用的草类，排除具有毒性的草类。

　　草木在古代社会中可以用来标识国界、标识身份等级、标识故里等。不同品类草木，各具特定象征意义，在古代社会生活中发挥着重要作用，比如折柳枝表惜别、赠红枣花生以祈早育等。众多草木因其品质而有种种特定用途，如用桑木作弓、用桃木器具辟邪等。另外，以草木为主要疗疾手段的中药在中国源远流长，也从一个侧面说明造字之时人们认为草木需要仔细端详、认真审视。

以神农尝百草为主题的纪念邮票

甲骨文合集36844

甲骨文合集18410

殷商金文_集成10·05147

西周金文_集成11·06002

西周金文_集成08·04136

战国金文_铭文选八八一

战国楚简_上博三中弓16正

战国楚简_上博九陈公治兵11

说文小篆

竹

"竹"是一种植物，它的古文字写作 ，正描绘了竹叶对称生长、笔直挺拔的基本特征。中国人偏好竹子，竹在中国悠久的历史文化中扮演了许多相当重要的角色，这也体现在"竹"字中。

在纸发明以前，竹子曾被中国人用来充当主要书写材料。不少意义涉及书写材料的字都从"竹"得义，如"簿""篇""笺""箔"等。

"第""等"也与"竹"有瓜葛。古人用竹编成简册，竹简的长短必须一致，故"等"用"竹"表"齐等"之义。编简的时候，等长的竹简又必须排序，所以"竹"又生出"次序"义项，成为"第"的义符。

古人没有现代的计算器，那时人们计算的工具是用竹子制成的筹码。所以在"算"字中，"竹"作为义符表"计算"。

竹子还富有艺术性。汉语中常用"丝竹"指音乐，其中"竹"指管乐。这是因为中国传统乐器中的管乐，大都为竹制的乐器。

甲骨文屯南4317

甲骨文合集261

殷商金文_近出0861

郑板桥的竹

西周金文_集成10·05158

西周金文_集成06·03432

战国金文_铭文选八八二

战国楚简_包山_遣册260

战国楚简_包山_文书150

说文小篆

堂

建筑丛林

房

当今"房"字似乎已成为汉语中居室建筑的基本称名。如管理各类建筑的部门叫作"房管局"或"房管所";分配住宅叫"分房"或"配房";住宅分配管理制度的改革叫"房改";等等。然而,"房"在中国传统的民居建筑称名中,却并非一个堂堂正正的角色。

中国传统家庭的建筑形式,通常是这样的格局:正中是堂,堂后为室,两边为房。与这种建筑格局相应,家庭成员的居室安排有着严格的等级制度。房是次要的居室,用"房"来称呼的家庭成员也都不免有着较低的地位。

明仇英款《西厢记图》(局部)

　　"偏房"，小老婆的称谓。顾名思义，我们很容易想到，或许偏房正是小老婆们的通常居所，所以才有此种称呼。与小老婆以"房"称相应，妻子则被称为"室"或"正室"。这是因为只有大老婆才有资格居住在作为家庭主要居舍的正室。

　　由于正室只有一间，所以居住在房里的不光是小老婆。儿辈与父母同住，自然也只能住在两侧的房中，于是又有长子为"长房"、次子为"二房"之类的称谓。

战国楚简_包山_文书149　　　　战国楚简_包山_遣册266　　　　说文小篆

广

"广"是"廣"的简化字。但是作为偏旁的"广"读 yǎn，意思也跟"广大""广阔""广袤""广而告之"的"广（廣）"没有什么关系，它不作为独立的文字出现，而只是作为偏旁出现在汉字中，如"庙""店""府""庭"等。

仔细琢磨一下，就可以发现那些以"广"为组成部件的汉字大多跟房屋建筑有关。而它的古文字写作 ⌂，显然，这个字的构形和意义与古代居住习俗有关。

上古时代，人们建筑技术手段比较落后，往往选择直接住在洞穴里面，或者将房屋建在山崖边，以山崖的一面作为墙壁，加上另一面墙和

依崖而建的窑洞

屋顶，就成了一个可以挡风避雨的处所了。这种历史信息通过古代造字者的字形设计，通过"广"这个表义偏旁一直传递到今天。

西周金文_集成01·00246

西周金文_集成01·00064

西周金文_集成01·00145

春秋金文_复旦网2014·6·22

春秋金文_近出0027

说文小篆

困

　　"艰难""窘迫"称作"困"。"困"字构形显示的意义很具体：里面的"木"就是树，外面的"囗"即"围"的古字，表示范围。树木的生长需要足够的空间和阳光，一旦被限制在狭小的范围内，就会抑制生长，陷入困顿窘迫之中。但是，"困"的造字意图却有着比这更加深刻的内涵。

　　我们的祖先与树木的关系十分亲密。在衣食住行各个方面，古人都仰赖树木的恩惠，在居住方面尤其如此。中国古代传说中有一个叫"有巢氏"的圣王，他的功绩便是为人民创造了依树建造的巢居。到后来，房屋建筑取代了巢居，但古人却并没有忘记充分利用树木带来的恩惠，在住宅的旁边栽种大树，成了中国古代社会一成不变的定制。《说文解字》

有巢氏

释"困"字曰:"故庐也。"所谓"庐",就是古代一个家庭所居住的二亩半的范围。在居处植树,树木越长越高大,但居所二亩半的范围却是不能随着树木的生长而扩展的。终有一天,居所的院墙(囗)会对树木的生长形成制约,使之陷入困境。显然,正是这样一种寻常生活实景,令古人实实在在地领悟了"艰难""窘迫",进而成为"困"字造字思维的坚实依据。

甲骨文合集34235

甲骨文屯南885

殷商金文_集成14·08909

战国楚简_包山_文书145

说文_古文

说文小篆

门

　　"门"是人们居处场所的出入口，但在汉语中，它可以成为居住者的代名词。

　　"门"可以表示家庭，某人如果罪大恶极，是要"满门抄斩"的，也就是将他全家斩尽杀绝。如果某个家庭有了两件喜庆之事，又叫"双喜临门"。

　　处在一个"门"内的，除了同一个家庭的成员，也可以是具有其他密切关系的人群。比如，同一学派的学者，同一老师的学生等，于是"门"又可指学术流派或同窗学友，如儒家派别叫"儒门"，佛教派别叫"佛门"，同学则可称"同门"。

　　值得注意的是，在汉语中表示人称复数的"们"字，前身就是这个"门"。在古书里，"咱们"就写成"咱门"，"你们"则写成"你门"，加上单人旁的"们"是很晚才出现的。

　　"门"之所以可以指称一个特定人群，是因为在中国古代社会，不同身份地位的人所居住的房屋，门是有不同规格的。富贵者是"朱门"，贫贱者是"柴门"，诸如此类的繁琐讲究，不必一一详说。因此，只要一看门的样子，就可大致判别门内居处的是哪一类人了。

甲骨文合集22246

甲骨文合集13605

西周金文_集成08·04252

西周金文_集成08·04288

西周金文_近出0490

战国楚简_郭店_六德32

战国楚简_郭店_语丛四13

陶文图录_2·10·2

说文小篆

堂

　　"堂"原本是指一种建筑名称，即"堂屋"。"堂"又可用来表示某
种亲属关系，比如"堂兄弟""堂姐妹"，指同祖的旁系亲属关系。堂屋
怎么会同亲属关系发生联系呢？

　　在古代，堂是一个家庭居住单位的中心，处于非常重要的地位，其
他屋室都是环绕着堂而构建的。堂同时也是举行重要家庭活动的场所。
由此，堂也就成了一个家庭的象征。

　　中国古代有一种传统的居住习尚，即在世的最年长男性长辈及其配
偶与他们的若干儿子、孙子、曾孙直至玄孙及其配偶，连同未曾婚嫁的
女儿、孙女、曾孙女甚至玄孙女共居于同一个居住单位，构成一个大家
庭。这样一来，便形成了若干同祖的旁系亲属同处一堂的局面。所谓"四
世同堂""五世同堂"正是指的这种情况。

战国金文_集成16·10478

战国金文_集成18·12112

战国楚简_清华一_程寤3

因此，人们就很自然地用"堂"来表示同祖旁系关系。与父系的旁系亲属称"堂"相应，母系的旁系亲属则称"表"。"表"就是"外面"的意思，因为按照传统的居住习尚，母亲的亲属是居住在家庭之外的。

上海豫园里的点春堂

说文_古文

说文小篆

189

宇

在我们现代人的观念里，"宇"是一个无限空间概念。如"宇航"，指漫游大空。"宇内"，说的是全天下。然而，"宇"字的表义符号是"宀"，"宀"在汉字中表示房屋建筑，故"宇"字本义是"屋边"，也就是"屋檐"。我们的祖先为什么会用本来表"屋檐"的"宇"表示无限自然空间呢？

早期人类生存于世，只能简单地适应自然环境。在居住方式上，他们最初栖身于洞穴，或在树上构筑居巢，不免要遭受自然界风霜雨雪的侵袭和猛兽蛇虫的祸害。人工建筑出现后，这种情况得到改变，先民用土木建筑房屋来庇护自身。

当然，建筑对先民的庇护，还包括抵御同类中敌对势力的侵扰。正是这种与自然力及敌对同类抗争的需要，激发了先民用建筑的手段构成自己生存天地的欲求。

古人既有建筑封闭的习尚，人工建筑便总与他们的生存天地相联系，所以在他们的观念中，自然天地无非就是一所大房子。由此可见，作为建筑边缘符号的"宇"，在先民的意识中成为自然空间的代表是合乎逻辑的。

西周金文_集成16·10175 西周金文_集成08·04317 西周金文_集成01·00252

说文_古文 说文小篆

宙

　　在现代汉语中，"宙"一般总是与"宇"合在一起表示"天地万物"。但在古代汉语中，同"宇"相对，"宙"表示的是一个无限时间概念，所谓"往古来今谓之宙"。"宙"字本义是"房梁"，"宀"是"宙"字唯一的表义符号。房梁这一建筑构件怎么会表示无限时间概念呢？

　　在古代社会中，房梁曾受到人们的特殊礼遇。《易经》中有先民将房梁奉为祭祀对象的记载。至于传统的上梁仪式，更是至今尚存的一种民间习俗。所谓"上梁仪式"，就是房屋建造时，在安梁这一环节施行的一种具有祈祷、喜庆色彩的特殊礼仪，祝愿居住者年年岁岁、世世代代好运。梁在这里具有决定子子孙孙生活境况的神奇功用。在这种传统观念作用下，本表"房梁"的"宙"字产生了"往古来今"这一无限时间概念的意义。

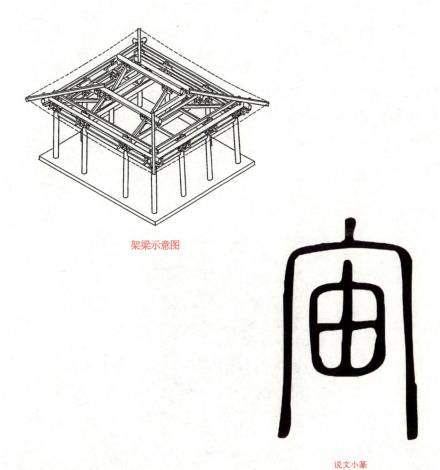

架梁示意图

说文小篆

"阅读"的"阅"，现在的基本意义是"看"。让人奇怪的是，"阅"字表示字义的偏旁是"门"，那么"门"又怎么能够表示观看呢？

　　其实，"阅"字最初指的是古时候门旁的一种石柱，柱子上记述了门内居住者的功名地位。当然，在等级森严的古代社会，这个"阅"是

颜真卿楷书"阅"

最需要"看"的：自己的"阅"要让别人看，否则也许会让别人看低了自己；别人的"阅"更要仔细看，否则便不知该用何种态度与对方交往。就这样，作为一种基本的观看对象，"阅"在人们长期的语言交际中很自然地被赋予了一般"观看"意义。

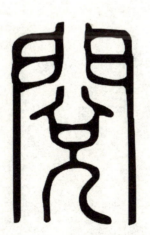

说文小篆

图书在版编目（ＣＩＰ）数据

汉字的风景 ／ 刘志基，萧晟洁著 . -- 上海 ：上海
文化出版社，2020.2（2025.5 重印）

（汉字里的中国）

ISBN 978-7-5535-1852-7

Ⅰ . ①汉… Ⅱ . ①刘… ②萧… Ⅲ . ①汉字-通俗读
物 Ⅳ . ① H12-49

中国版本图书馆 CIP 数据核字 (2020) 第 018194 号

汉字的风景

刘志基 萧晟洁 著

责任编辑：蒋逸征

装帧设计：王怡君

出　　版：上海文化出版社　上海咬文嚼字文化传播有限公司
地　　址：上海市闵行区号景路 159 弄 A 座 2—3 楼
发　　行：上海市闵行区号景路 159 弄 A 座 206 室
印　　刷：上海四维数字图文有限公司
规　　格：889×1194　1/20
印　　张：10
版　　次：2020 年 7 月第 1 版　2025 年 5 月第 4 次印刷
书　　号：ISBN 978-7-5535-1852-7/H.034
定　　价：42.00 元

告读者：如发现本书有质量问题，请与印刷厂质量科联系。

电　话：021-37212888 转 106